京都洋館ウォッチング

井上章一

とんぼの本

新潮社

目次

はじめに　文｜編集部

古都・京都というと、多くの旅人がまず思い浮かべるのは、和の伝統を偲ばせる神社仏閣かもしれない。しかしここは、明治の「東京遷都」以降、近代化という時代の波を貪欲に追ってきた地でもある。それは今なお残る、数々の洋風建築が物語っている。

たとえば、東海道の起点として栄えた三条通にはレトロモダンなビルが建ち並び、祇園・円山公園には明治のたばこ王によって築かれた迎賓館が、あるいは岡崎・南禅寺境内には煉瓦造の水道橋が佇む。近代日本の歴史を伝える多様な建物が、独特の存在感を放っているのだ。

本書では、これらを建築史・風俗史界きってのエンターテイナー、井上章一氏が独自の視点で案内する。京都に生まれ育ち、今も暮らす氏ならではの、愛と批評精神あふれる語りに誘われて、京都近現代建築めぐりの旅へ、いざ。

中京郵便局　経済の中心として発展した三条通には、明治・大正期に多くの西洋建築が建てられた。赤煉瓦の外観のみが保存されたこの郵便局舎もその一つ。1902年築。

中京郵便局
JP NETWORK 郵便局
金利上乗せ実施中！
ゆうちょの定額貯金

1 保存か開発か

――ゆれる京都をたのしもう――

京都駅ビル　建物を東西につらぬく大階段の先は、京都の街が見渡せる屋上。地上45メートルにかかる空中径路からの眺めも面白い。1997年築。

左頁／駅ビルの烏丸小路広場からは京都タワーが望める。
駅周辺はいまもタワーの記念撮影で人気のスポット。

街並みに、ふさわしくない。景観を、そこねている。京都には、そんな文句をつきつけられた建築が、けっこうある。

ＪＲの京都駅にできた新しい駅舎［8・13・14頁］も、その点では忘れることができない。たちあがったのは一九九七年だが、それ以来、批判の言葉を数多くあびてきた。なかでも、南北の景色を大きな壁がたちきってしまうところは、非難の的となっている。

槍玉にあげられたという点で、こことならびたつのは、京都タワー［11頁］である。こちらも、その計画案がしめされたころから、批判の矢面《やおもて》にたたされてきた。一九六四年に竣工したあとも、くさす言葉はとだえない。

◎どちらも、はじめはきらわれて

おもしろいことに、このふたつは駅前広場をはさんで、むかいあっている。タワーは広場の北側にそびえ、駅舎は南側で東西にひろがりつつ、対峙する。いわゆる景観問題の悪役である両巨頭、新旧の両横綱が、にらみあう。なかなか味わいのある広場に、ここはなっている。

今くらべると、タワーの印象は、おとなしい。圧倒的なボリュームの駅舎を前にすると、ひかえめにうつる。一九六〇年代には、このていどでも景観を破壊すると言われたのか。往時を知らない若い人々は、そう思うかもしれない。

京都は、第二次世界大戦で、ほとんどアメリカ軍の空襲をうけなかった。タワーができたのは、まだ木造の日本家屋が、街全体へ瓦屋根をならべていたころである。人目をそばだてる現代建築へのとまどいは、今以上に強かったろう。

話はとぶが、かつてジャズはやかましい音楽だとされていた。しかし、エレキギターのロックがあらわれてからは、その印象もかわりだす。今では、耳ざわりのよい、ポップな室内楽といったあつかいに、ＣＤ店でもなってきた。今日のタワーがかもしだすたたずまいは、そんなジャズの今にもなぞらえうる。

かりに、この塔はとりこわすというような話がもちあがったら、どうなるだろう。あんがい、京都タワーの保存運動なんかが、くりひろげられるかもしれない。

かつては目の敵《かたき》にされた建築が、時の流れをへて、まもるべき文化遺産になりおおせる。あるいは、一九六〇年代の景観破壊を記念する造

京都タワー

1964年

設計　山田守

京都タワーが建てられたころの駅北側の風景。大きな屋根は東本願寺。
『京都タワー十年の歩み』より。

形として、保存がきめられる。そんな予想図を想いうかべ、私はけっこう悦に入っている。

さて、駅舎のほうだが、こちらは競技設計で原広司《ひろし》が設計者としてえらばれた。

家の内部に、外からはきりはなされた別世界を、つくりだす。原は、そんな住宅作品を、数多くてがけてきた。そういう原の資質は、この駅舎にも見てとれる。

駅舎の中央部はふきぬけとなり、鉄骨とガラスの屋根でおおわれている。ヨーロッパの、いわゆる終着駅によくあるつくりを、想いおこさせる。原はこれを京都へもちこみ、当世風にくみたてなおしたのだと、みなせよう。

西の伊勢丹側には、大きな階段がもうけられている。これは、百貨店がそなえるべき非常階段である。原はこれを、バロック的にふくらませた。ローマのスペイン階段あたりを、ほうふつとさせるかまえをつくりだしている。

東側にあるホテルの中庭も、ヨーロッパのそれを想わせる。某修道院の庭が私の脳裏にはよぎる。いずれにせよ、建築家はこの駅舎で、西欧の歴史的な空間を、現代的に翻案させようとした。二枚の巨大な壁にはさまれ、外からはき

駅ビルの鏡面ガラス張りの外壁には、京都タワーの姿が映る。

りはなされた、その内側で。

おわかりだろうか。建築家は京都の街並みから切断された場所で、西欧的な都市の再現にいどんでいた。京都という街が、それを汚染してしまわないよう、壁でかこいつつ。言外に、自分の空間は、京都からへだてなければくずされると、ほのめかしながら。

「いけず」だと言われる京都人への、ささやかな意地悪だろうか。あるいは、景観破壊を言いたてる地元民への、意趣返しかもしれない。俺のこしらえる空間だって、京都のつまらぬ街並みでこわされかねないんだ、と。

とはいえ、中央のふきぬけと大階段をむすぶ小広場では、南北の壁に穴がうがたれている。こちらは、南北の景観的な断絶を悪く言うむきへの、ちょっとした気くばりか。まあ、そのスリットも、建築家の演出がいちばん傷つかない場所に、あけられてはいるが。

京都タワーの設計者は、山田守。さまざまな曲線を、設計にもちこむことで知られた建築家である。東京の武道館もその作品だが、屋根の曲線に見覚えのあるむきは、すくなくあるまい。タワーでは、塔のシルエットに、その感性がいかされた。

なお、タワーじたいは、建築関係の法規がうけいれるところとなっていない。当局は、あれを工作物とみなし、つまり建築とはみとめずに、設営をゆるしている。駅舎も、総合設計制度という、一種超法規的なてつづきを経てたてられた。正義感の強い読者には、一からあらいなおしてしらべることを、すすめよう。

◇古刹をつらぬく水道橋

一八八〇年代から京都では、琵琶湖疏水にからむ建設工事が、おしすすめられた。そのための水路が、南禅寺の境内をよこぎる形で、こし

大階段の反対側にある東広場は、季節の花が咲く明るいガーデン。空中径路の東側の入口もこの近く。

京都駅ビル

1997年　設計　原広司

京都の街並みから切断された場所でいどむ、西欧的な都市の再現。

左頁／煉瓦造の水路橋の上を、今も琵琶湖からの水が流れている。
あたりはモミジが多く、秋にはまた違った表情を見せる。

らえられている。

南禅寺での敷地が、低地になっていたせいで、水路は空中の高いところへもうけられた。ローマの水道橋をまねたとされる水路閣（一八九〇年竣工）［17頁］がそれである。

ローマ帝国の手本とくらべれば、はるかに小さくみみっちい。千年の都をほこる京都だが、一九世紀の建設工事でも、地中海の古代帝国はこえられなかった。水路閣をながめるたびに、そのことを思い知る。

しかし、南禅寺のなかへこれをもちこむ蛮勇には、おそれいる。境内の雰囲気は、あからさまにふみにじられた。明治の京都における、景観破壊の第一号と言うべきか。よくも、こんなことを当時の南禅寺はみとめたなと、感心する。

南禅寺は一三世紀後半から形をなしてきた、京都を代表する禅院である。室町時代には多くの名僧を輩出したことで、知られている。その後も、江戸幕府にささえられ、勢力をほこってきた。だが、明治維新政府からはうとまれ、多くの寺領をさしだすにいたっている。

弱い立場においこまれ、生きのこりには全力をつくそうとしただろう。当局者の意向にも、できるだけ寄りそうようつとめたと思う。そんな時代だからこそ、水道橋を寺の境内へとおす話も、うけいれたのではなかったか。

見学者にも、ここでは南禅寺のつらい時代へ想いをはせるよう、すすめたい。こんな無茶にもたえねばならないほど、この寺はおいこまれていたんだ、と。

当初、南禅寺からめしあげた土地は、工場地になることが見こまれていた。疏水の水流で水車をまわす。その動力をもとめて、多くの工場がむらがるてはずになっていた。当時はまだ、工業の世界も、水車を現役のマシーンとして、みとめていたのである。

だが、一八九一年には、水力発電もはじまった。疏水の水流で電力をおこすしくみが、できあがったのである。先進国の尖端的なエネルギー供給事情に、京都も見ならって。

電気は、送電線さえつなげば、水流から遠くはなれた工場のモーターも、うごかせる。水車による場合とはちがい、工場を水流のそばにたてる必要はなくなった。じじつ、企業家たちの多くも、疏水のちかくへうつる当初のもくろみを、すてている。

水路閣

1890年

設計　田邊朔郎

左頁右／**旧第二期蹴上発電所**　敷地は低くなっており、付近の歩道から建物を見下ろせる。1912年築。
同左／**旧九条山浄水場ポンプ室**　疏水のほとりに建つ。片山東熊の作品としてはコンパクト。1912年築。

仮定の話だが、あと数年発電の時期がおくれたら、どうなっていただろう。おそらく、はじめの予定通り、工場はあのあたりへあつまったにちがいない。東山工業地帯とでもよぶべき地域が、形づくられていたと思う。のちには、煙突もたちならんだはずである。

それをくいとめたのは、疏水を利用した蹴上の発電所であった。今は、一九一二年竣工の旧第二期蹴上発電所［19頁］しかのこらぬが、おがんでおきたいところである。東山の景観をまもったのは、昔からつかわれてきた水車じゃあない。最新の電力こそが、大きくものを言ったことも、心にとどめておこう。

いっぱんに、明治の電力事業は京都の進歩性をしめすいとなみとして、語られやすい。この点では、東京よりすすんでいた。市電の導入でも、京都は全国にさきがけているなど、と。しかし、南禅寺のまわりにある緑を、結果的に温存させたことも、語りつがれるべきだろう。

その緑地帯で、最初に別荘をこしらえたのは、明治の元勲・山縣有朋《やまがたありとも》である。疏水が完成（一八九〇年）した時に総理大臣だった山縣が、まずこの地へ手をだした。日露戦争の開戦をきめたことで知られる別荘・無鄰菴［20・21頁］は、一八九八年にできている。

二〇世紀にはいってからは、いわゆる政商たちも、別荘をそのちかくにたてだした。元勲の山縣をおいかけ、それぞれ広大な園地と数寄屋風の家屋をいとなんでいる。

南禅寺から新政府がめしあげた土地は、けっきょく政府筋の人々が、手に入れた。まあ、うばいとったようなものである。まもられた緑も、彼らの娯楽や贅沢にささげられたのかと思えば、せつなくなる。

なるほど、これもまた明治維新の一面かと、私はこのあたりをとおるたびに、よく思う。かぎりなく美しいこのかいわいで、別の角度から、『坂の上の雲』をふりかえる。歴史好きの読者には、そんな散策もすすめたい。

表通りからはうかがえないが、別荘群の苑内には、水路や池ももうけられている。そこであじわえる水の流れは、名匠・小川治兵衛によって、たくまれた。いずれも、疏水の水流をいかしている。工場の水車をまわさなかった水のいきおいは、別荘をうるおす水としてよみがえった。骨休めにおとずれた政商たちを、よろこば

せる水として。

◇燕尾服の「工作物」

疏水がらみで、あと二点ほどおすすめの物件を、紹介しておこう。ひとつは、旧九条山浄水場ポンプ室（片山東熊《とうくま》、山本直三郎設計　一九一二年竣工）［19頁］。そして、いまひとつは第二疏水のトンネル出口（一九一二年竣工）である。

　前者は、ポンプ室という実務的な施設だが、本格的なルネッサンス様式でできている。設計にも、宮廷建築家の片山がたずさわっていた。後者もただのトンネルなのに、おりめ正しい古典様式で形がととのえられている。どちらも、作業服をきせればそれですむような建物であり、工作物である。にもかかわらず、わざわざ燕尾服をまとわせたようなところが、おもしろい。

　疏水建設の当局者たちは、皇太子嘉仁、のちの大正天皇をまねきたいと考えていた。疏水に船をうかべ、その様子を見とどけてもらおうという趣向である。いくつかの施設が、しゃっちょこばってかざられたのは、そのためであった。

　ポンプ室などは、水路側にむかって正面ポーチや屋上のバルコニーを、あしらっている。船

無鄰菴 母屋

上の皇太子にながめてもらうための意匠であったことが、うかがえる。大日本帝国時代の京都がいだいた、皇室へのおもんぱかりを、ここではあじわいたい。

◎はやすぎた西洋化

昭和初期までのいわゆる洋館が、このごろ脚光をあびだしている。京都でも、そういうレトロ建築をたのしもうとする人が、ふえてきた。

そういうこだわりのある人たちに、まずすすめたいのは三条通である。この通りを、西の烏《からす》丸《ま》から東の御《ご》幸町《こうまち》まで、ざっとあるいてほしい。わずか六〇〇メートルほどのあいだに、七点のレトロ建築［25頁］を見かけることができる。戦前の建物とでくわす度合いは、このエリアが京都でも群をぬいて高い。

三条通は、江戸時代から東海道の起点とされてきた。全国と取引をする両替商や問屋などが、軒をならべてきたところである。明治になってからも、金融や郵便、物産にかかわる施設は、このあたりにたてられた。洋館とよばれる建物も、まずここへ集中したのである。

一九世紀末には、京都を代表するいくつかの

無鄰菴

洋館 1898年

設計 新家孝正

通りで、道巾をひろげることがもくろまれる。三条通でも、そのことははかられた。

しかし、けっきょくこの計画は、見おくられる。三条通の両側には、石やレンガでできた西洋建築が、すでにたくさんたっていた。これらをとりこわして、道を大きくすることはむずかしいと、そう判断されたのである。

西洋建築化への先頭をはしっていたことが、道路拡幅への足かせとなった。まだ木造家屋が大半をしめる、たとえば四条通のほうが道巾はひろげやすい。それで、四条通などがひろくなったあとも、三条通は古い道巾をたもつこととなる。もとはメインストリートだったのに、今も巾が六メートルしかないのはそのためである。

ついでにのべそえるが、京都の主だった道路は、明治以後に拡幅されている。江戸時代に、三条通よりひろい道は、ひとつもなかったろう。

大きな通りが縦と横にまじわる現代京都の姿は、かつての平安京をしのばせなくもない。しかし、千年前の都大路がそのまま現代にいかされていると考えるのは、まちがっている。一九世紀末からの拡幅事業で、たまたま平安京めいた姿になっただけなのである。

右頁／東山を借景に、琵琶湖疏水から引いた水がゆったりと流れる庭は散策もできる。左は木造の母屋。
上／洋館の2階、無鄰菴会議が行われた部屋。折上格天井に寄木の床、金箔を使った障壁画と華やか。

左頁／三条通に建つ旧不動貯金銀行。現在はテナントビルで3階まで上れる。幾何学模様が用いられた階段にたたずむ筆者。階段には大正期のセセッション様式の特徴がよく表れている。1916年頃築。［86頁参照］

道路の巾が、あちこちでひろげられてからは、京都の中心施設もそちらへうつってゆく。四条通、烏丸通、河原町通などが、さかえるようになってきた。そして、拡幅された通りでは、大きなビルへのたてかえもすすみだす。

三条通は、そういう発展からとりのこされたエリアになった。おかげで、レトロな建築も、ほかのところよりは、たもたれやすくなる。洋館保存のかけ声が高まる一九七〇年代まで、いくつかの建築がのこされたゆえんである。ただし、旧来の姿が、みなそのままとどめられたわけではない。日本生命京都三条ビル旧棟（辰野金吾、片岡安設計　一九一四年竣工）［25頁］は、一部しかのこらなかった。全体の六、七割は、現代の建築にあらためられている。

みずほ銀行 京都中央支店［25・77頁］は、旧観をよくとどめているように見える。しかし、これなどは、ほぼ全面的にたてかえられた。

もとは、レンガづくりの銀行である（旧第一銀行京都支店　辰野金吾設計　一九〇六年竣工）。二〇〇三年には、それをとりこわし、鉄筋コンクリート造の新銀行がたてられた。そして、表面だけは、レンガのタイルが古い姿にあわせ、はりつけられている。外からその違いはなかなかわからぬが、わきまえてほしいところである。

中京郵便局（逓信省営繕課設計　一九〇二年竣工）［6・25・77頁］も、内部はすっかりかえられた。しかし、外壁のレンガづみを、そのままたもたせたところもある。南側の壁はまるごと、そして東西の壁は一部がのこされた。新しい壁にタイルをはったみずほ銀行とは、そこが違う。

このめんどうな工事は、一九七八年度の日本建築学会賞をうけ、評価された。そして、全国における外壁保存の、お手本とみなされるにいたっている。京都の建築が全国的なリーダーシップをとった。敗戦後はなかなかない、ちょっとめずらしい例としても、記憶にとどめたい。

なお、中京郵便局は、もともと二階建ての庁舎としてたてられた。その中身が、今は四層のオフィスになっている。外壁の高さは、まったくかわっていないのに。

かつての洋館は、それだけ天井を高くしていたことが、読みとれよう。今のオフィスが、天井までの高さをおしみ、きりつめていることも、よくわかる。ゆとりのない、せちがらい時代になってきたことを、ここではかみしめたい。

SACRAビル 1916年頃

三条通 洋館あるき

老舗の名店や喫茶店などが並ぶ三条通は、レトロ建築の宝庫でもある。東は寺町通から、西の烏丸通まで、洋館探しの散策はいかが。

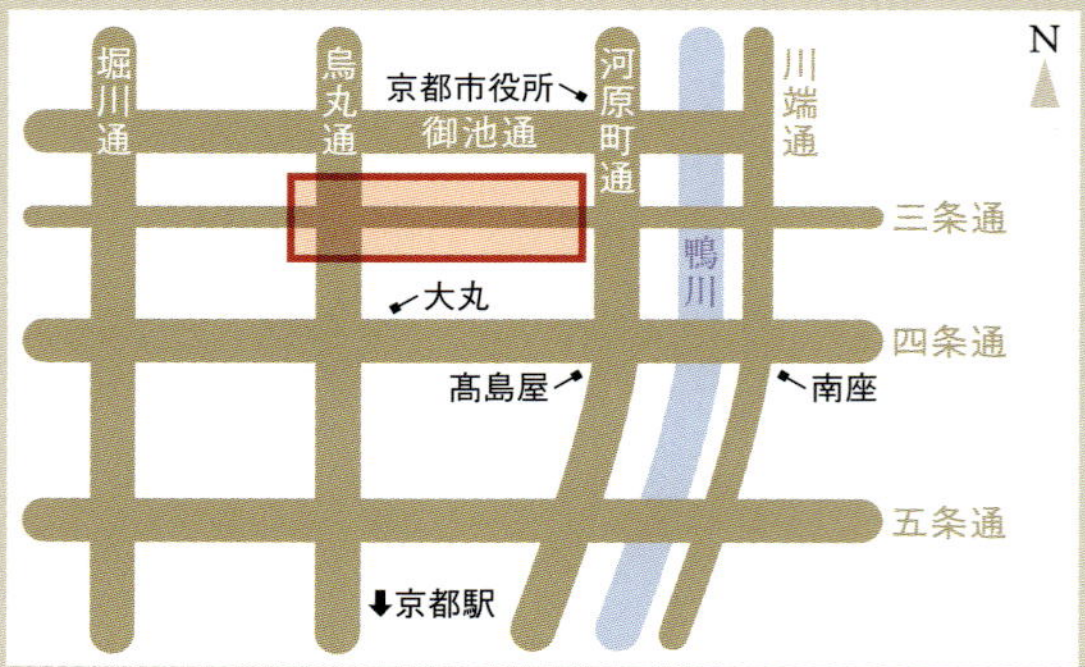

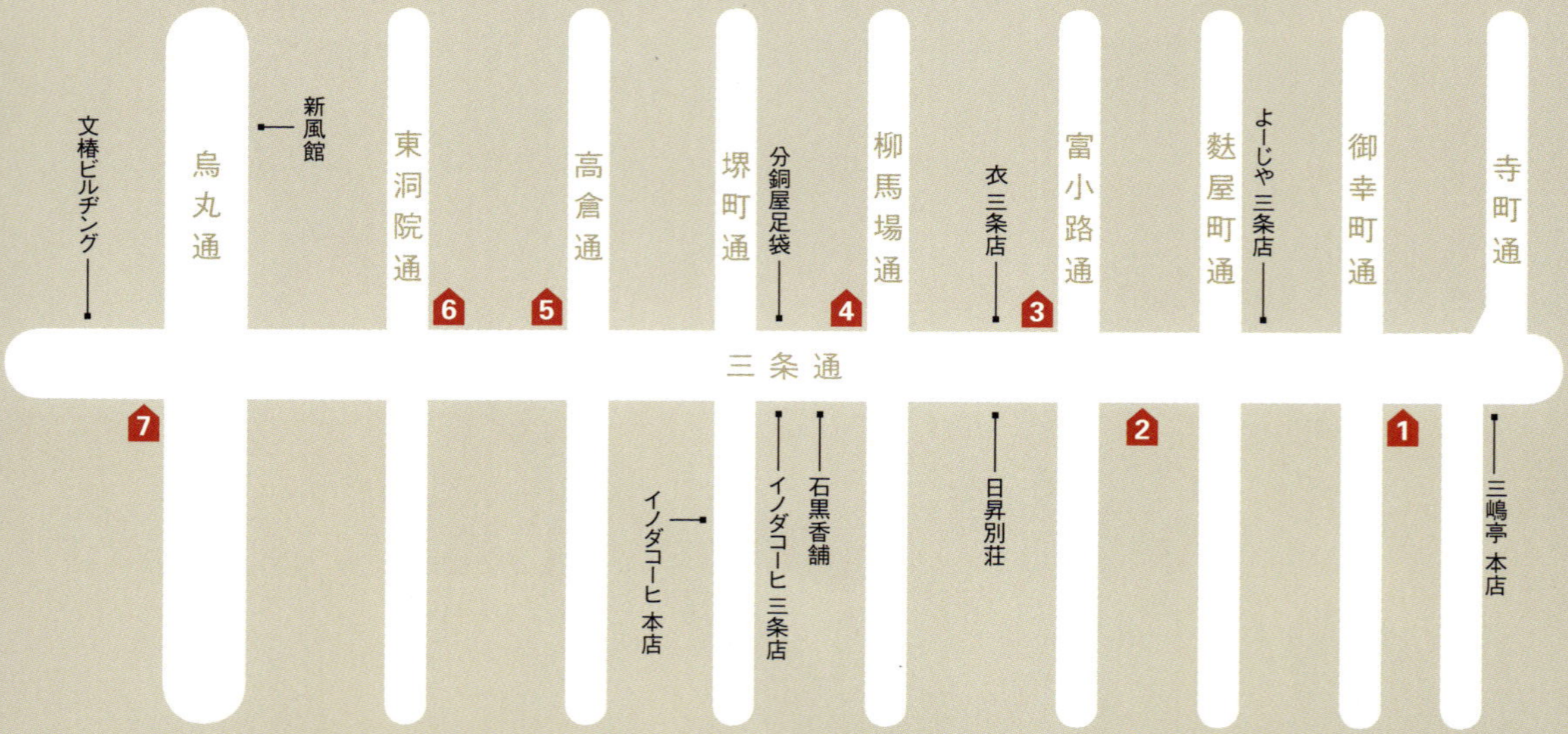

もとは銀行として建てられたSACRAビルや京都文化博物館 別館をはじめ、金融・流通などの経済活動を担った近代建築が集まる三条通。これらの中で一番古いのは1890（明治23）年築の旧家邊徳《やべ とく》時計店、戦前までに話をかぎれば、一番新しいものは1928（昭和3）年築の旧大阪毎日新聞社社屋・1928ビルだ。部分保存やレプリカ新築も含まれるが、明治以降の洋風建築の趣を今に伝えている。

1928ビルの上階テラスから三条通を見る。

1

1 1928ビル
1928年 設計■武田五一［121頁参照］

2 旧家邊徳時計店
1890年

3 SACRAビル
1916年頃［86頁参照］

4 日本生命京都三条ビル 旧棟
1914年 設計■辰野金吾ほか［29頁参照］

5 京都文化博物館 別館
1906年 設計■辰野金吾ほか［85頁参照］

6 中京郵便局
1902年 設計■吉井茂則ほか［29頁参照］

7 みずほ銀行 京都中央支店
1906年 設計■辰野金吾［29頁参照］

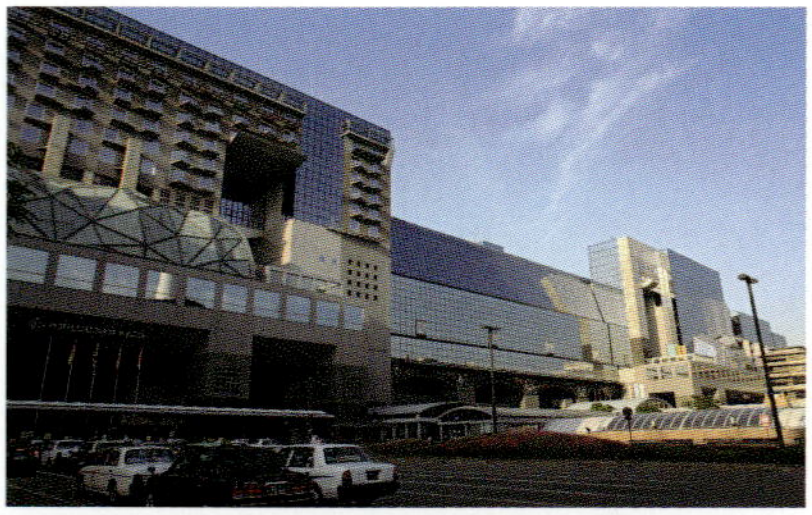

京都駅ビル《きょうとえきびる》[8・13・14頁]

圧倒的な存在感でそびえ立つ

1877（明治10）年の初代駅舎から数えて四代目。コンペティションで選ばれた原広司の設計により、1997（平成9）年に完成した。地上16階、地下3階建。JR京都駅舎であるとともに、百貨店やホテル、劇場までを含む複合施設だ。北側の外壁は向かいの京都タワーを映す鏡面ガラス張り。コンコース上部はアールを描く無数の鉄骨が覆い、空へと上る大階段は街を見下ろす屋上の大空広場へと続く。頭上を横切る空中径路もユニーク。

竣工■1997（平成9）年
設計■原広司
住所■京都市下京区烏丸通塩小路下ル 東塩小路町901
交通■JR・地下鉄・近鉄「京都」駅すぐ
電話■075-361-4401
見学■大階段・大空広場6:00～23:00、東広場10:00～23:00、
　　　空中径路10:00～22:00
http://www.kyoto-station-building.co.jp/

京都タワー《きょうとたわー》[11頁]

人々に親しまれるシンボル塔

京都駅前に建つ白い塔は、今や京都に欠かせないシンボル。音楽CDジャケットに登場したこともある。灯台をイメージしたというデザインで、鉄骨は使わず円柱状の特殊鋼板を繋げたモノコック構造を採用。高さ100m、重さ800tのタワーは建築物の区分ではなく、9階建のビルの屋上に造られた工作物という扱いだ。塔の上の展望室からは、京都の街が360度見渡せる。東本願寺が近いことから「お東さんのろうそく」の名も。

竣工■1964（昭和39）年
設計■山田守
住所■京都市下京区烏丸通七条下ル 東塩小路町721-1
交通■JR・地下鉄・近鉄「京都」駅すぐ
電話■075-361-3215
見学■展望室 9:00～21:00（受付は～20:40）　※季節により変更あり
料金■展望室 大人770円・高校生620円・小中生520円・幼児（3歳以上）
　　　150円
休日■無休
http://www.kyoto-tower.co.jp/kyototower/

水路閣《すいろかく》[17頁]

寺院境内に漂う異国の風情

南禅寺の境内を横切る煉瓦造の水路橋で、琵琶湖から京都へ水を引く琵琶湖疏水の一部をなしている。全長93m、幅4m、高さ5〜8m。西洋の土木技術が導入されて間もない明治時代に日本人のみの手で造られたもので、今なお現役。ローマの水道橋がモデルといわれ、14連のアーチが連なるレトロなデザインが人気の観光スポットでもある。インクライン（船を運んだ傾斜鉄道跡）近くまで水路沿いに小道が続く。京都が舞台のサスペンスドラマにもたびたび登場。

竣工■1890（明治23）年
設計■田邉朔郎
住所■京都市左京区南禅寺福地町86（南禅寺境内）
交通■地下鉄「蹴上」駅から徒歩10分
見学■自由

旧第二期蹴上発電所《きゅうだいにきけあげはつでんしょ》[19頁]

赤煉瓦の堂々たる佇まい

1891（明治24）年、琵琶湖疏水を利用し、日本で初めて商業水力発電を行った蹴上発電所が開業。その後、第二疏水の開通に合わせ、1912（明治45）年に、第二期の発電所が建てられた。1936（昭和11）年に第三期発電所にその役目を譲り、現在は建物のみが保存されている。一時、京都大学が研究施設として使った際に内部は改変されたが、丸窓やアーチ模様が印象的な赤煉瓦の外観は往時の姿を留めている。

竣工■1912（明治45）年
設計■不詳
住所■京都市左京区粟田口鳥居町1
交通■地下鉄「蹴上」駅すぐ
電話■075-361-7171（関西電力 京都支店）
見学■外観のみ（敷地内は立入禁止）

無鄰菴《むりんあん》[20・21頁]

庭園が美しい優雅な別荘

幕末から大正にかけて活躍した軍人・政治家の山縣有朋。彼が南禅寺のそばに建てた別荘は、木造2階建の母屋と茶室、煉瓦造の2階建洋館からなり、周囲には池泉廻遊式庭園が広がっている。琵琶湖疏水の水を引き込んで造られた庭は、山縣自身の設計・監督により、七代目小川治兵衛が作庭。簡素な外観とは対照的に、洋館の2階は狩野派の障壁画が描かれた豪華な部屋で、日露戦争直前の外交方針を決定した「無鄰菴会議」の舞台でもある。

竣工■母屋・茶室 不詳、洋館 1898(明治31)年
設計■母屋・茶室 不詳、洋館 新家孝正
住所■京都市左京区南禅寺草川町31
交通■地下鉄「蹴上」駅から徒歩7分
電話■075-771-3909
見学■9:00～17:00(受付は～16:30)
料金■400円
休日■無休
http://www.city.kyoto.jp/bunshi/bunka/murin_an/murin_an_top.html

旧九条山浄水場ポンプ室《きゅうくじょうやまじょうすいじょうぽんぷしつ》[19頁]

宮廷建築家による典雅なデザイン

もとは御所水道ポンプ室として、京都御所に防火用水を送る目的で建てられたもの。大正天皇（当時は皇太子）が、疏水を船で視察するという計画もあり、装飾性を帯びたクラシックな設計がなされた。普段の出入口とは別に、疏水側にも高官が出迎えるためのポーチを備えた玄関が設けられている。設計には宮内省の建築家・片山東熊とその片腕といわれた山本直三郎が携わった。現在は敷地の外からのみ、その姿を見ることができる。

竣工■1912(明治45)年
設計■片山東熊・山本直三郎
住所■京都市山科区日ノ岡朝田町
交通■地下鉄「蹴上」駅からすぐ
電話■075-672-7810(京都市上下水道局)
見学■外観のみ(敷地内は立入禁止)

日本生命京都三条ビル 旧棟《にほんせいめいきょうとさんじょうびる きゅうとう》［25頁］

重厚な石張の外観を残す

旧日本生命京都支店の社屋で、1914（大正3）年築。1983（昭和58）年に改築され、特徴的な尖塔を含む建物の東側のみが保存されている。西側は新館。旧棟の1階には着物の店が入っている。

竣工■1914（大正3）年
設計■辰野金吾・片岡安
住所■京都市中京区三条通柳馬場西入ル 桝屋町75
交通■地下鉄「烏丸御池」駅から徒歩5分
電話■06-6209-6210（日本生命保険相互会社）

第二疏水トンネル出口《だいにそすいとんねるでぐち》［本文19頁］

小さいながらも正統派

旧九条山浄水場ポンプ室のそば、第二疏水のトンネル出口は、頂点に要石を配したおりめ正しい西洋古典主義建築の意匠。滋賀の取水口から京都の出口まで地上に出ることのない暗渠になっている。

竣工■1912（明治45）年
設計■京都市臨時事業部水路課営繕係
住所■京都市山科区日ノ岡一切経町飛地
交通■地下鉄「蹴上」駅からすぐ
電話■075-672-7810（京都市上下水道局）
見学■自由（敷地内は立入禁止）

中京郵便局《なかぎょうゆうびんきょく》（郵便事業株式会社 中京支店）［6・25・77頁］

ルネサンス様式の端正な外観

京都郵便電信局として1902（明治35）年に竣工。赤煉瓦と石を使った外壁が印象的な建物だ。1978（昭和53）年には、建物の外側のみを保存し、内部を新築する工事が行われた。

竣工■1902（明治35）年
設計■吉井茂則・三橋四郎（逓信省営繕課）
住所■京都市中京区三条東洞院角菱屋町30
交通■地下鉄「烏丸御池」駅すぐ
電話■075-255-1114
営業■郵便窓口 9:00～19:00
※土曜は～15:00
ゆうゆう窓口 0:00～24 00

みずほ銀行 京都中央支店《みずほぎんこう きょうとちゅうおうしてん》［25・77頁］

生まれ変わったレプリカ建築

1906（明治39）年築の旧第一銀行京都支店のデザインをもとに、外観のみを復元する形で2003（平成15）年に新築された。もとの建物は耐震性の不足のため全面的な建て替えとなった。

竣工■1906（明治39）年、レプリカ新築2003（平成15）年
設計■辰野金吾
住所■京都市中京区烏丸三条南入ル 饅頭屋町591
交通■地下鉄「烏丸御池」駅すぐ
電話■075-221-1121
営業■窓口 9:00～15:00
休日■土・日曜・祝日休

京都ハリストス正教会　華麗な祭台にやわらかな光が差し込む。手前の聖所と奥の至聖所を区切るイコン（平面の聖像）のついたてはイコノスタス（聖障）といわれ、聖書の一場面や聖人が描かれている。1903年築。

2 神様 仏様 キリスト様

—復古と欧化のはざまには—

平安神宮

1895年　設計 木子清敬・伊東忠太

神宮の入口にある二層の応天門。平安京の政庁・朝堂院の正門がモデル。

平安神宮［32頁］の応天門を見て、こう思われたことはないだろうか。最近、奈良で復元された平城京の朱雀門に、形がにているな、と。

今の平安神宮は、一八九五年に平安遷都千百年をいわって、いとなまれた。街のいわいごとにあわせてたてられた施設である。イベント用のパビリオンめいた役目も、もともとは期待されていた。じじつ、創建当初には、平安遷都千百年紀年殿と名づけられている。

立案された紀年殿は、けっこうまわりから期待された。これをこわすのはおしいという声もあがり、桓武天皇をまつる神社にしたのである。はじめに建物の話があり、神はあとでもとめられたと言えば、言いすぎか。

平安京をことほぐというねらいのせいだろう。平安時代の宮殿を、よみがえらせることが、ここではもくろまれた。その大極殿と応天門などが、復元されたのである。

もちろん、平安宮殿の正確な姿は、今でもわかっていない。一八九五年の復元にも、とうぜん空想的な部分はある。規模も六割強ほどの大きさに、ちぢめられた。ただ、そのこころざしが、王宮の再現にあったことは、まちがいない。

旧二条駅舎
1904年

端正な正面玄関を見る。二条城の近くに位置することから、周囲の景観に配慮して和風のデザインになったという。

さて、二〇一〇年は平城遷都の千三百年目にあたる。この年にむけて、奈良では平城京の大極殿と朱雀門を、復元させることにした。最初にたちあがったのは、二層の朱雀門である。

平城京の朱雀門が、じっさいに二層であったかどうかは、わからない。ただ、平安京のそれが二層だったからということで、二層での復元はきめられた。平城京の門ではあるが、けっこう平安京っぽくこしらえられてもいるのである。

平城京の朱雀門は、そのため結果的に、平安神宮の応天門と似通ってしまう。このふたつは、たがいにけっこうひびきあっているのである。私は、奈良の復元宮殿を、ひそかに二一世紀の平城神社として、ながめている。まあ、あちらに祭神は、まだないが。

平安神宮を見たあとには、平城京の復元建築も見学することを、すすめたい。平安遷都千百年と平城遷都千三百年の、意外な通底ぶりをあじわってほしいものである。

ついでに書くが、京都御所の紫宸殿や清涼殿も、江戸時代の復元建築である。うしなわれた平安京をしのぶ復古意識が、一八世紀の王朝では高まった。そして、一八世紀末に、今日の御

新島旧邸　1878年

上／新島襄の旧邸。1階にある書斎。机や椅子、洋書が並ぶ本棚もかつて新島襄が使っていたもの。
下／三方をバルコニーが囲む、アメリカの開拓時代を思わせるデザイン。瓦葺きの屋根など和風建築の要素も多い。

上／本館と、右に北黌、本館を挟んで向かいに南黌が建つ。本館はじつは木造で、木に石を貼り付けた木造石貼りという工法。下／教会のような雰囲気をもつ本館2階の講堂。柱頭のデザインは西洋建築のアカンサスのモチーフを模したといわれる。

龍谷大学 大宮学舎 1879年

左頁／ドイツ・ネオ・ゴシック様式の建物で、もとは神学館。早世した息子のためにと願った米国人、クラーク夫妻の寄付により建てられた。

所へとつたえられた形で、それらは復元されている。

平安神宮や平城宮殿の復元も、根っこは一八世紀の王朝にある。あるいは、明治と平成における、その大衆版だとみなしてもいいだろう。平安神宮を見たあとは、奈良のみならず、京都御所をもながめておいてほしい。

余談だが、旧二条駅舎［33頁］の二階部分は、平安神宮の大極殿をまねていると聞く。一九〇四年にたてられた建物だが、今は梅小路蒸気機関車館へ、移築保存されている。

鉄道ついでに書くが、今の京都駅舎［8・13・14頁］は、平安遷都千二百年を記念してできた建築である。千百年の平安神宮と千二百年の京都駅を見くらべるのも、一興であろう。

◎お寺さんも、キリスト教にあこがれて

幕末・明治初期に、日本の工匠たちは、彼らなりの洋風建築をたくさんたてている。見よう見まねでこしらえられたそれらの建築は、擬洋風建築と称される。その多くはもう失われたが、まったくなくなってしまったわけでもない。

京都にも、一八七〇年代にいとなまれた擬洋風の遺構がある。いちばん古いのは、新島襄の旧邸（一八七八年竣工）［34頁］。そして、龍谷大学の本館と北黌《ほっこう》・南黌《なんこう》の両校舎（一八七九年竣工）［35頁］が、これにつづく。

若いころにこのことを知り、ちょっとおどろいた。プロテスタント系の同志社をはじめた新島が、洋館でくらしたがったのはわかる。しかし、西本願寺の龍谷が、そんなにはやくから洋風をこころざしていたのはなぜか。そこが、なかなかのみこめなかった。

しかも、龍谷の本館は、かなり正確に西洋建築をまねている。明治初期の例としては、そうとうきちんとしたほうである。北黌や南黌のアーチも、けっこう優美にしあげられている。くらべれば、新島邸の欧化度は見おとりがしてしまう。建築の西洋化をこころざすいきおいでは、西本願寺のほうがすすんでいた。

のみならず、龍谷本館の二階は、キリスト教の教会めいた気配もただよわせている。まあ、さすがに、会衆席の前は仏壇をおくところとなっているが。

東本願寺にも西洋文明やキリスト教へのあゆみよりが、なかったわけではない。この寺は、

同志社大学 クラーク記念館

1893年 設計 R・ゼール

同志社大学
礼拝堂
1886年
設計 D・C・グリーン

聖アグネス教会　上／北東角に立つ塔屋が印象的。建物は隣の平安女学院とつながっている。左／30枚以上のステンドグラスがあり、その多くは建築当初のもの。1898年築。

親鸞の六五〇回忌（一九一二年）にあわせ、大門の大天井を天女図でかざろうともくろんだ。画壇の大御所である竹内栖鳳に、そのことをたのみこんでいる。

栖鳳もこれをひきうけた。西洋の教会などでよく見る、まいあがる天使群像を手本とした天井画に、いどんでいる。そのため、東京からヌードのモデルをよんでもいた。東本願寺も栖鳳も、ヨーロッパにまなぼうとする意欲は、もっていたのだと考える。まあ、この天井画は実現しなかったのだが。

ついでにふれるが、東京の築地本願寺（本願寺派）には、巨大なパイプオルガンがある。これなどは、音楽面でもキリスト教へちかづきたがったことを、しめしていよう。

平田聖子という作曲家を、ごぞんじだろうか。浄土真宗の信仰が、合唱の形であらわされた曲を、たくさんつくっている。私は、たまたま「和讃による曲集――本願力にあいぬれば」というCDを、耳にした。二〇〇九年に、大阪ゲヴァントハウス合唱団の力を得て、制作された一枚である（カメラータ・トウキョウ）。

歌詞には、仏教的な言葉がつらねられている。

右頁上／アメリカ流のゴシック建築がベースになった、煉瓦造のチャペル。
同下／屋根を支える小屋組には、アーチ材を用いるハンマー・ビームも採用。

聖アグネス教会

1898年　設計　J・M・ガーディナー

小屋組を露出させた木造の空間に、ステンドグラスのやわらかな光がゆれるチャペル。

東側の祭壇に向かって椅子が並べられた
会衆席。礼拝堂は袖廊が短く、左右非対
称の造り。木造の静かな空間に、パイプ
オルガンの音がやさしく響く。

左頁右／天頂に玉葱型のドームと十字架をのせた、ロシア・ビザンチン様式特有のデザイン。同左／美しい窓の形にも、当時の洗練されたデザイン感覚が表れている。

しかし、音そのものは、まったくの教会音楽である。賛美歌や聖歌で「アーメン」とひびくところが、「南無阿弥陀仏」となっている。大阪ゲヴァントハウスじたいが、ふだんはミサ曲などをてがける合唱団なのである。

もちろん、平田聖子が勝手にこしらえているわけではない。浄土真宗とも手をたずさえて、それらはつくられている。さきに紹介したCDは、「親鸞聖人750回大遠忌、御遠忌」を記念したアルバムである。

どうやら、本願寺じたいが、キリスト教にあこがれているということらしい。

ヨーロッパの教会前広場には、鳩のあつまるところが、たくさんある。そして、京都の東西両本願寺でも、境内に鳩がおおぜいいる。あれも、ひょっとしたら、西洋の教会にならっているのかもしれない。

京都では、クリスマスイブのケーキを買う行列に、僧侶の姿を時おり見る。それも、袈裟をはおったままならんでいるところに、でくわすことがある。この構図も、龍谷大学本館などの延長上に考えれば、いいのだろうか。

◇御所をとりまく礼拝堂

京都の近代建築を紹介する本は、すくなくない。そして、それらの本はキリスト教がらみの建物に、多くページをさいている。宗教関係では、教会などをとりあげるのが、ふつうである。私の筆は、神仏方面にかたよりすぎたかもしれない。

ねんのため、ミッション系の建物も、いくつかひろっておこう。まずは、同志社大学の礼拝堂（D・C・グリーン設計　一八八六年竣工）［38頁］から。

ここでは、たいそう簡素なゴシックが、あじわえる。欧米の本格的なゴシック教会とは、くらべるべくもない。だが、屋根の下へ小屋組を露出させたところは、本場にない見どころだと思う。うーん、負けおしみかな。

なお、同志社には、赤レンガの貴重な建物がたくさんある。なかでも、クラーク記念館（リヒャルト・ゼール設計　一八九三年竣工）［37頁］のできばえは、すばらしい。塔を四五度だけずらせたかまえは、本場のピクチュアレスク建築にもつうじあう。まあ、古い赤レンガ建築群のなか

京都ハリストス正教会

1903年

設計 松室重光

では、これがいちばんうきあがって見えるが。

京都のゴシック教会と言えば、日本聖公会聖アグネス教会［39・40頁］も、はずせない。設計は、各地で聖公会の建物をてがけたJ・M・ガーディナーによる（一八九八年竣工）。やはり小屋組を露呈させているが、私はけっこう気にいっている。

日本正教会、つまり旧ロシア正教の京都ハリストス正教会［30・43・44頁］も、見ておいて損はないだろう。ネギ坊主のドームがそびえる、ビザンチン式の教会である。テンペラでえがかれたイコンの数々も、日本人にはエキゾティックな印象をあたえよう。

たてられたのは一九〇三年、日露戦争がはじまる、その一年前である。反ロシア感情がわきたつ当時、教会につどうロシア人たちは何を思っていただろう。日露の開戦をきめた無鄰菴までふくめ、歴史小説の舞台にでもとりあげたくなってくる。両者は、おたがい、三〇分ほどであるいてゆけるところに、位置している。

この教会は、その後日本でたてられた正教会木造聖堂の手本となった。設計者の松室重光については、ページをあらためとりあげたい。

京都ハリストス正教会　京都の街なかに突如現れる、異国の風景。外壁は淡い水色の下見板張り。手前の塔は鐘楼で、いくつもの鐘が下げられている。

新島旧邸 [34頁]
にいじまきゅうてい

アメリカ文化への憧憬を偲ぶ

同志社を創立した新島襄の旧宅。設計者は不明だが、同志社英学校の教員であったW・テイラーにアドバイスを受け、新島自身が設計したともいわれる。アメリカのコロニアル様式を取り入れた外観は、バルコニーや両開きの鎧戸が印象的だ。

竣工■1878(明治11)年
設計■不詳
住所■京都市上京区寺町通丸太町上ル 松蔭町
交通■京阪「神宮丸太町」駅から徒歩10分
電話■075-251-3042
見学■10:00〜16:00　公開は3〜7月・9〜11月の水・土・日曜(祝日を除く)、春・秋の御所の一般公開期間、11月29日
http://www.doshisha.ac.jp/academics/institute/archives/kyutei.php

平安神宮 [32頁]
へいあんじんぐう

平安京の政庁を8分の5スケールで再現

1895（明治28）年、平安遷都1100年を記念した祭典に合わせて建てられた神殿で、平安京を造営した桓武天皇を祀る。創建時からの大極殿や応天門は平安京の政庁であった朝堂院を再現しており、白壁に屋根の碧瓦や丹塗の柱が鮮やか。

竣工■1895(明治28)年
設計■木子清敬・伊東忠太
住所■京都市左京区岡崎西天王町97
交通■市バス「京都会館美術館前」停すぐ
電話■075-761-0221
見学■6:00〜18:00　2月15〜3月14日・10月1〜31日は6:00〜17:30　11月1日〜2月14日は6:00〜17:00　※神苑受付は各30分前まで
料金■参拝自由、神苑は大人600円・小中生300円
http://www.heianjingu.or.jp/

龍谷大学 大宮学舎 [35頁]
りゅうこくだいがく おおみやがくしゃ

明治の洋風建築に薫るモダンな風

西本願寺の教育施設「学寮」にはじまる龍谷大学。その大宮学舎には、木造石貼りの本館や赤煉瓦の旧守衛所、アーチ形の窓が連なる北黌(ほっこう)・南黌(なんこう)など、明治期のモダンな擬洋風建築が残る。教室として使われている北黌と南黌は、もとは学生寮。

竣工■本館・北黌・南黌 1879(明治12)年
設計■本館・北黌・南黌 不詳
住所■京都市下京区七条通大宮東入ル 大工町125-1
交通■JR・地下鉄・近鉄「京都」駅から徒歩15分
電話■075-343-3311
見学■外観見学自由　※守衛所に見学希望と伝えること
http://www.ryukoku.ac.jp/omiya.html

旧二条駅舎（梅小路蒸気機関車館内）［33頁］

きゅうにじょうえきしゃ（うめこうじじょうきかんしゃかんない）

日本最古の木造駅舎を移築保存

1904（明治37）年に京都鉄道の駅舎兼社屋として建てられ、1996（平成8）年までJRの二条駅として活躍。現役時代は、日本で最も古い木造駅舎として知られていた。現在は梅小路蒸気機関車館に移築され、エントランス及び資料展示などに使われている。

竣工■1904（明治37）年
設計■不詳
住所■京都市下京区観喜寺町
交通■JR「丹波口」駅から徒歩15分
電話■075-314-2996
見学■9:30～17:00（入館は～16:30）
休日■月曜（祝日の場合は翌日）
※3月25日～4月7日・7月21日～8月31日は開館
料金■大人400円・4歳～中学生100円
http://www.mtm.or.jp/uslm/

同志社大学 今出川キャンパス［37·38頁］

どうししゃだいがく いまでがわきゃんぱす

歴史ある赤煉瓦の建物群は圧巻

幕末にアメリカに渡り、大学や神学校で学んだ新島襄が創立したプロテスタント系の私学校。前身である同志社英学校が1876（明治9）年にこの地に移転後、海外伝道団体であるアメリカン・ボードの寄付などもあり、彰栄館、礼拝堂、有終館、ハリス理化学館、クラーク記念館と次々と煉瓦造の施設が建てられた。これら5棟は、国の重要文化財にも指定されている。簡素なゴシック建築で急勾配の切妻屋根を持つ礼拝堂は、プロテスタントの煉瓦造のチャペルとしては日本最古のもの。キャンパス内の建物の中でも、彰栄館に次いで2番目に古い。新島の没後に、神学館として建てられたクラーク記念館も目を引く。2階にはチャペルがあり、卒業生には挙式場としても人気。

竣工■礼拝堂 1886（明治19）年、クラーク記念館 1893（明治26）年
設計■礼拝堂 D・C・グリーン、クラーク記念館 R・ゼール
住所■京都市上京区今出川通烏丸東入ル
交通■地下鉄「今出川」駅からすぐ
電話■075-251-3120
見学■外観見学自由　※キャンパスツアー参加などで内部見学可の場合あり　※夏季休暇中、年末年始など正門・西門が閉まっている場合は見学不可
http://www.doshisha.ac.jp/japanese/

日本聖公会 聖アグネス教会［39・40頁］

にほんせいこうかい せいあぐねすきょうかい

風格が漂うゴシック様式の聖堂

英国国教会の流れを組む日本聖公会の聖堂として、また平安女学院のチャペルとして、1898（明治31）年に竣工。当時は聖三一大聖堂といい、聖アグネス教会の名は、1923（大正12）年に平安女学院関係者を中心とした教会として認可された際に付けられた。13歳で殉教した聖アグネスは、少女たちの守護聖人とされている。赤煉瓦のどっしりとした外観とは対照的に、天井の小屋組みをはじめ木をふんだんに使った内装はやわらかな雰囲気。

竣工■1898（明治31）年
設計■J・M・ガーディナー
住所■京都市上京区烏丸下立売角 堀松町404
交通■地下鉄「丸太町」駅から徒歩3分
電話■075-432-3015
見学■外観見学自由　※内部見学は入口の扉が開けば可
（礼拝時などを除く）　※礼拝・行事などへの参加も可
http://nskk.org/kyoto/stagnes/

京都ハリストス正教会［30・43・44頁］
（生神女福音大聖堂）

きょうとはりすとすせいきょうかい（しょうしんじょふくいんだいせいどう）

玉葱形の小ドームをのせた尖塔がそびえる

日本の正教会は明治の初めにロシアから伝わった。教会建築もその影響を受けており、京都ハリストス正教会も、ロシア・ビザンチン様式で建てられている。玉葱形の小ドームをのせ、十字架を配した塔も特徴の一つ。建物自体は1901（明治34）年に建てられ、礼拝も行われていた。その後ロシア正教会からイコノスタス（聖障）やシャンデリア、絨毯などが届くのを待って1903（明治36）年に成聖式が執り行われ、聖堂として完成した。

竣工■1903（明治36）年成聖
設計■松室重光
住所■京都市中京区柳馬場通二条上ル 六丁目283
交通■地下鉄「丸太町」駅から徒歩10分
電話■075-231-2453
見学■外観見学自由　※内部見学は要問い合わせ
※礼拝は月2回程度
http://www.orthodoxjapan.jp/annai/n-kyoto.html

コラム　知られざる建築家 1

松室重光を、ごぞんじですか

　京都府庁舎の旧本館（一九〇四年竣工）は、ネオ・ルネッサンス式の建築である。数ある明治建築のなかでも、おりめ正しくととのった逸品として、知られている。一時期は、これが県庁舎の手本とされていた。

　もう今は、ほとんどつかわれていない。実務の役目はおえ、文化財になっている。春と秋には、展覧会やコンサートがもよおされる、府民サーヴィスの場でもある。円山公園の枝垂《しだ》れ桜が中庭にうつされており、そのあでやかさでも評判は高い。

　ロの字型の平面でできたこの旧庁舎を、新庁舎がコの字状にかこんでいる。新しい建物は、古い建物を、城壁のようにまもってきた。

　一箇所、新庁舎から旧庁舎へ、空中に廊下をとびださせたところがある。

　これでふたつをつなごうとするもくろみが、かつてはあったのだろう。だが、その空中廊下は、旧庁舎へとどく手前で、たちきられている。たいせつな文化財に穴をあけることが、いやがられたせいだろう。はれものへさわるように守られていることが、よくわかる。あるいは、さわらせてももらえないと言うべきか。

　フィレンツェは、京都の姉妹都市である。そしてこの街では、ルネッサンス期の建物が、現役の市庁舎になっている。日本の室町時代にできた建築で、市の職員はパソコンをたたいている。二〇世紀初頭のネオ・ルネッサンスが、現役からしりぞく日本国を、京都でかみしめたい。

　大事にのこされたこの旧庁舎を設計したのは、松室重光（一八七三〜一九三七）である。京都府につとめた建築技師であり、京都での仕事はすくなくない。

　御所の南にある京都ハリストス正教会［30・43・44頁］が、たとえばそうである。できたのは一九〇三年、府庁舎とほぼ同

京都府庁舎　旧本館へつながりそうでつながらない新館廊下が残る。

京都府庁 旧本館
きょうとふちょう きゅうほんかん

竣工■1904（明治37）年
設計■松室重光・久留正道・一井九平
住所■京都市上京区下立売通新町西入ル 薮ノ内町
交通■地下鉄「丸太町」駅から徒歩10分
電話■075-414-5435（府有資産活用課）
見学■旧知事室・旧食堂・正庁 10:00〜17:00
休日■土・日曜・祝日
http://www.pref.kyoto.jp/qhonkan/

新潮社
新刊案内

2011 11 月刊

小澤征爾さんと、音楽について話をする

指揮者はタクトを振るように語り、小説家は心の響きを聴くように書きとめる。東京・ハワイ・スイスで行われた、村上春樹によるロング・インタビュー。

小澤征爾　村上春樹

11月30日発売●1680円

353428-0

ヒア・カムズ・ザ・サン

溢れる思いの強さだけが、距離と時間を超えていく——。演劇集団キャラメルボックスとのクロスオーバーから生まれた物語の新しい光！　中篇2篇を収録。

有川浩

11月22日発売●1365円

301874-2

蛍の航跡　軍医たちの黙示録

もう祖国の地を、踏むことはできない——。シベリアや南方諸島で、十五人の軍医たちが見た「あの戦争」の悲痛な深層。著者入魂の「黙示録」ここに完結！

帚木蓬生

11月22日発売●2100円

331420-2

負けんとき（上・下）　ヴォーリズ満喜子の種まく日々

神戸女学院、山の上ホテル等数々の西洋建築を手掛けたアメリカ人と結婚し、共に近江八幡でキリスト教伝道に身を捧げた華族の娘・一柳満喜子の波瀾の生涯。

玉岡かおる

11月28日発売●各1680円

373713-1,14-8

2011年11月新刊

無常という力　「方丈記」に学ぶ心の在り方

玄侑宗久

ゆく河の流れは絶えずして——。鴨長明が幾多の天災人災を経験し綴った境地を今に重ね、フクシマに暮らす著者が語る無常の世をしなやかに生きる智慧。

11月25日発売●1155円

445607-9

世界最小最強セッター　竹下佳江　短所を武器とせよ

吉井妙子

身長わずか159センチ。それゆえ一時引退にまで追い込まれた彼女は、いかにマイナスをプラスに変えたのか？　復活日本バレーを支える頭脳と意志力に迫る。

11月18日発売●1365円

453003-8

旧大連市庁舎　大連中山広場に佇む。入口の唐破風に京の祭りが写し込まれる。

じところに設計はすすめられた。また、平安神宮の西にたつ武徳殿（一八九九年竣工）も、松室がてがけている。

武徳殿は、柔剣術をきたえるための道場である。唐破風や千鳥破風のある日本建築として設計された。これらの破風は、二〇世紀以後、芸能方面の建築記号になる。べつのところで、私はそう書いている。しかし、武術方面でもしばらく愛好されたことを、ここではおぎないたい。

さて、京都ハリストス正教会は、ロシア流のビザンチン様式でできている。武徳殿は、日本建築。そして、旧府庁はフランス風のネオ・ルネッサンス様式になっていた。なんでもこなす、器用な建築家であったということか。

その後、松室は京都府の仕事をおえ、大陸へわたり、大連市ではたらきだす。関東都督府につとめる建築家となった。批判的に言えば、大日本帝国の手先として、植民地へおもむいたのである。

その大連にのこされた松室の旧大連市庁舎（一九一九年竣工）を、見てほしい。大連中山広場のロータリーに面して、その東南にこの建物はたっている。今は銀行に転用されていた、と記憶する。

大きな塔屋をもつ庁舎建築である。西洋建築の流儀にのっとった、りっぱではあるがよくある建築の一例だと、思われようか。

だが、目をこらして中央玄関の入口にそえられた破風かざりを、ながめてもらいたい。それが、ひそかな唐破風となっていることに、気づかれよう。また、寺院風の組物、いわゆる斗栱《ときょう》があしらわれていることも見えてくる。ここに、京都でつとめてきた松室は、祇園祭の記憶でもしのばせたのだろうか。山車《だし》のような造形で。

大連が日本の租借地となったのは、一九〇五年であった。大日本帝国にとっては、日露戦争の戦利品であったと、言ってよい。

ロシア人のために、松室は京都でハリストス正教会をたてていた。そんな建築家が、ロシアからうばいとった大連で、京都に想いをはせている。旧大連市庁舎は、近代の歴史にひたれる好個の建築だと思うが、どうだろう。

南座　折上格天井(おりあげごうてんじょう)の豪華な劇場空間は、赤や金が映えて華やか。座席は約1000席を数える。毎年11月末から12月末にかけて行われる歌舞伎の顔見世興行は京都の風物詩。1929年築。

3 和のゆくえ

——千鳥破風や唐破風をおいかけて——

左頁／特別展示館のペディメント（日本建築の破風の部分）。左が工芸や建築を司る神、毘首羯磨。右が芸能の神、伎芸天。博物館には、このレリーフの木型となった木像も収蔵されている。

京都国立博物館［53頁］も、平安遷都千百年をいわう年、一八九五年にたてられた。バロックの手法もとりいれた、本格派のネオ・ルネッサンス様式でできている。竣工当時は、純西洋的な建築のかまえが、京都に似合わないという声もおきた。

しかし、正面からながめると、この建物は屋根のドームが、大きすぎるように見える。身の丈にあわない大きなシルクハットをかぶる、ピエロめいた印象もいだかされる。

博物館の七十年史に、おもしろい話がのっている。今は平屋になっているこの建物も、もとは三階建で計画されていた。だが、竣工の四年前、一八九一年におこった濃尾地震で、そのもくろみをあきらめる。レンガ造の三階建はあぶないから、平屋にしたというのである。

ドームだけは、その時にちぢめなかったのだろうか。三階建にあわせた当初案のまま、平屋へのせてしまったのかもしれない。

しかし、博物館の百年史は、平屋への設計変更があったことじたいをうたがっている。はじめから、平屋でたてるはずになっていただろうという。では、どうして七十年史は、三階説をもちだしたのだろう。まさかとは思うが、平屋にしては大きすぎるドームで、三階建の原案を幻視したのか。

いずれにせよ、デザインで、いちばん力がはいっているのは、ドームをいただく中央部である。内部もふくめ、こった意匠がちりばめられている。ここが、天皇をむかえるさいの、臨時にもうける玉座の場として、考えられたせいだろう。

もともと、ここの敷地は皇室領、旧七条御料地であった。そこに、帝室博物館としていとなまれたのが、そもそものはじまりである。明治の新政府が、皇室のありがたさを、建築をとおして見せつける。そんなふくみも、ここにはこめられていた。設計も、宮廷建築家の片山東熊に、まかされている。

平屋にしては大きすぎるドームが、のせられたのも、皇室の威信にこだわったせいだろうか。

周知のとおり、明治の皇室には国全体の西洋化をひきいる役目も、もとめられた。この時代に、もっとも本格的な西洋の様式でいろどられたのは、皇室がらみの建築である。京都国立博物館、旧帝室博物館のことも、そんな時代相を

京都国立博物館
1895年　設計 片山東熊

想いうかべつつ、ながめたい。九条山浄水場ポンプ室［19頁］もふくめ。

　とはいえ、この博物館には、和風にかざられたところも一箇所ある。正面中央の上部へすえられた三角破風、ペディメントのほりものを、見てほしい。

　ヨーロッパの古典建築でなら、ギリシアやローマの神々が、きざまれる場所である。そこが、ここでは日本の神仏になっている。おそらくは、毘首羯磨《びしゅかつま》と伎芸天《ぎげいてん》であろう。工匠たちにうやまわれてきた民族的な偶像が、そこにはいろどられた。

　西洋化をめざした明治国家の、日本的な伝統へよせたささやかな未練が、読みとれよう。

◎花街に破風は舞う

　西洋の三角破風、ペディメントとよく似た和風のしつらえに、唐破風や千鳥破風がある。

　祭りにくりだされる山車《だし》や御神輿《おみこし》の屋根を、想いうかべてほしい。まんなかが凸型のむくりを見せ、左右の両端がそっている曲線に、それらはなっている。あの形でできた破風、屋根かざりのことを唐破風とよぶ。

さらさ西陣
1930年

右頁／かつての銭湯、藤ノ森湯が今はカフェに。浴室の壁にはマジョリカタイル（凹凸のあるデザインタイル）が使われている。左／もと銭湯らしい面影を感じさせる唐破風。

関東では、古い銭湯の玄関にあしらわれているものを、よく見る。しかし、京都の風呂屋では、あまり見かけない。それでも、さらさ西陣〔54・55頁〕や船岡温泉〔56頁〕にそれはある。京都の風呂屋へもおよんだ関東のいきおいを、たしかめたい。そういう人たちには、おとずれることをすすめよう。

千鳥破風も屋根かざりのひとつである。正面からながめると、漢字の部首である「𠆢《ひとがしら》」の形に見える。建物をにぎやかにいろどる細工として、古くからつかわれてきた。

さかんになってきたのは、どちらも安土桃山時代からであろう。神社仏閣や天守閣、大名の武家屋敷などで、これらの破風は愛用された。

江戸時代には、家作制限もあり、庶民がもちいることは、ゆるされない。それらは権力者の館や宗教施設だけが、そなえつけることをみとめられた。

だが、明治の改革でその戒めはくずされる。どちらの破風も、ひろく一般へときはなたれた。そして、使用をゆるされた人々のなかでも、芝居や花街の関係者が、とびついたのである。そのにぎやかさに、あこがれて。

伝統的な権威筋の象徴に、彼らもあやかろうとした。まるで、カラスがクジャクの羽をひろい、自分の身をかざりたてたように。

いっぽう、権威筋の建築は、しだいに唐破風や千鳥破風をかえりみなくなる。二〇世紀以後はそれらをすてさり、正統的な西洋建築の意匠をおいかけだした。おかげで、唐破風などには、それまでとはちがう、新しい気配がただよいだす。そこが芝居や花街の建物であることをにおわす、くろうとめいた建築記号になっていく。

船岡温泉

1923年　設計　河原林千之助

異国風の色彩に囲まれて、上を見れば鞍馬天狗に牛若丸。不思議な装飾に目を奪われる。

脱衣所から浴室への通路付近には鮮やかなマジョリカタイルが残る。温泉の名がつくのは、血行促進などの効能が期待された電気風呂を設置したことで「特殊温泉」と名のることが認められたため。

当分の間無休で
営業致します
午後3時〜深夜0時

祇園甲部歌舞練場
1913年

唐破風がのるのは玄関の車寄せ。昔の演舞会では席の種類で玄関が異なり、ここは一等玄関だった。

弥栄会館
1936年
設計 木村得三郎

複雑な構成の屋根が印象的な外観。3・4階に劇場があり、かつては京都のメインホールとして様々な公演に使われていた。

南座

1929年

設計 白波瀬直次郎

ふだん四条通を歩いているとあまり気づかないが、屋根に注目すると、唐破風と千鳥破風の両方が見て取れる。屋根の上の櫓は、江戸時代に公に認められた芝居小屋(櫓)の証だった。

南座（白波瀬直次郎設計）［50・59頁］は、一九二九年にたてられた劇場である。その後、一九九一年に改修もされたが、おおよそ旧観をたもっている。千鳥破風と唐破風を大胆にあしらった、いかにも桃山風のデザインでいろどられた。今のべた、明治以後の芸能史を、あざやかにうつしだした建物のひとつだと言える。

祇園甲部の歌舞練場（一九一三年竣工）［58頁］は、花柳界へ唐破風などがつたわった例である。そのすぐとなりには、一九三六年に弥栄会館［58頁］がたてられた。和風の銅板瓦が、たっしゃなあんばいで、ビルの立面を水平によぎっている。唐破風のおさまりも、お見事。こういう意匠をきらう人も、そのてだれぶりには脱帽するだろう。設計者は大林組の木村得三郎である。

その同じ木村が、九年前の一九二七年に先斗《ぽんと》町《ちょう》歌舞練場を、たてている。先斗町花柳界のもとめにおうじた仕事である。F・L・ライトの帝国ホテルを、どこかほうふつとさせるしあげになっている。

先斗町には、流行の新しいスタイルをうけいれる進歩性があったのか。それとも、木村のなすがままに、そのデザインはゆだねてしまった

上右／本館の正面には千鳥破風。上左／今も現役の体育館にはモダンな丸窓が。
左頁右／木の階段は生徒たちの足跡を示すへこみがあり、長年の歴史を偲ばせる。
同左／塀の外からも蔦の這う校舎が眺められる（普通教室棟は1935年築）。

鴨沂高等学校
1934年　設計 十河安雄

のか。内情は、よくわからない。

ただ、同じ木村に祇園甲部は、瓦屋根の伝統的に見える弥栄会館を、たてさせた。こちらには、先斗町とはりあう祇園側の気分もあったと思うが、どうだろう。

◎洋館に日本が見えてくる

二〇世紀以後、権威筋の建築は正統的な西洋建築にならいだしたと、さきほど書いた。しかし、一九三〇年代には、和風のゆりもどしと言っていい現象がおこっている。

たとえば、京都では一九三三年から今の府立鴨沂《おうき》高校（十河安雄設計）［60・61頁］が、たてられた。昔の府立第一高等女学校、いわゆる府一《ふいち》である。

正面中央の頂部には、千鳥破風をのせている。そして、屋根には和風の瓦もならべていた。両端のところでは、反りもつけている。また庇を前へだし、最上階の影を強め、その上にのる瓦屋根をひきたてた。とにかく、日本の伝統をうかびあがらせるよう、つとめている。

京都市美術館

1933年　設計 前田健二郎 ほか

和風の屋根をいただくモダン建築。
随所に光る和の意匠を楽しむ。

1階の玄関ホール。柱や壁には今では手に入らないという上質の大理石が使われている。階段左右の明かりは、灯籠のような和風デザイン。

一九三三年にできた京都市美術館（市建築課および前田健二郎設計）［62・64・66頁］も、和風をふくむ。とりわけ、中央頂部の千鳥破風は、そうとうていねいに桃山時代風をまねている。

ひところは、こういう現象を、国粋主義の台頭という話で、説明した。一九三一年の満州事変で、軍国主義がわきおこる。各界で、日本回帰が、さけばれた。そのいきおいが建築の表現にもおよんだということで、かたづけてきたのである。京都の建築ガイド本にも、こういう文脈で、京都市美術館などを論じたものはある。

しかし、こういう説明は、まちがっている。建築史の流れを、致命的にとらえそこなっていると、私は考える。

私なりの読みときは、次の章でおぎなおう。ここでは、日本の軍国主義を代表する洋館を、一点だけ紹介しておきたい。今は聖母女学院の本館［65頁］となっている、旧第一六師団司令部庁舎がそれである。

◎帝国陸軍の女学園

竣工したのは、一九〇八年。設計者は陸軍省の建築家であることしかわからない。いずれに

上／**京都市美術館**　裏手は、千鳥破風をのせた表とはまた異なった印象。そばに琵琶湖疏水の水を引いた池もある。

聖母女学院 本館
1908年　設計 陸軍省

上／外壁は耐震性に優れているというイギリス積みの赤煉瓦。屋根には煙突やドーマー窓が並ぶ。


せよ、おりめ正しく西洋の古典様式をまなんだ建築である。

　日本の旧軍は、陸海の区別を問わず、西洋建築を忠実にとりいれた。そのこだわりは、皇室の姿勢ともつうじあう。軍部が建築の和風になど心を寄せたことは、いちどもない。

　聖母はミッション系の女子校である。本館の脇を女生徒がとおりすぎる様は、絵になる。開校当時はシスターたちもけっこういたが、その姿も、この建物には似つかわしい。旧陸軍はそういう建築にもこだわっていたことを、ここでは目にきざみつけておこう。

京都市美術館　1階の展示室間にある、曲線が美しい階段。ふだんは通れないが、下から眺めることはできる。

京都国立博物館 特別展示館《きょうとこくりつはくぶつかん とくべつてんじかん》［53頁］

左右対称の優美なバロック様式

旧帝国京都博物館の本館として1895（明治28）年に竣工し、その2年後に開館。宮内省内匠寮技師の片山東熊が、バロック様式を取り入れて設計した。正門も片山の設計だが平常展示館の建替にともない閉鎖されている（工事終了は2013年秋頃の予定）。

竣工■1895（明治28）年
設計■片山東熊
住所■京都市東山区茶屋町 527
交通■京阪「七条」駅から徒歩7分
電話■075-525-2473（テレホンサービス）
見学■9:30〜18:00　金曜は〜20:00
※入館は30分前まで
料金■入館料は展覧会により異なる
休日■月曜（祝日の場合は翌日）、特別展開催期間外は休館
http://www.kyohaku.go.jp/

さらさ西陣《さらさにしじん》［54·55頁］

銭湯デザインを活かしたカフェ

料理旅館・舟岡楼（現船岡温泉）の主人が銭湯・藤ノ森湯として建てたもので、1999（平成11）年まで営業していた。現在はカフェ。表の唐破風や浴室の鮮やかなマジョリカタイルなど、銭湯時代のレトロな面影を残している。

竣工■1930（昭和5）年
設計■京都工務所
住所■京都市北区紫野東藤ノ森町11-1
交通■市バス「大徳寺前」停から徒歩5分
電話■075-432-5075
営業■12:00〜23:00（LO22:00）
休日■水曜
http://sarasan2.exblog.jp/

船岡温泉《ふなおかおんせん》［56頁］

見事な彫刻が迎えてくれる

1923（大正12）年、料理旅館・舟岡楼の浴場として建てられた。戦争の影響で旅館は廃業し、1947（昭和22）年に大衆浴場として営業を再開。幾度か増改築されているが、天井に鞍馬天狗と牛若丸の彫刻がある脱衣所は建築当初から変わらない。

竣工■1923（大正12）年
設計■河原林千之助
住所■京都市北区紫野南舟岡町82-1
交通■市バス「千本鞍馬口」停から徒歩5分
電話■075-441-3735
営業■15:00〜翌1:00　日曜・祝日は8:00〜
料金■大人410円・小学生150円・乳幼児60円
休日■無休

南座《みなみざ》[50·59頁]

きらびやかで豪華な劇場空間

江戸時代の元和年間（1615～24年）に、京都所司代が官許した七つの櫓（芝居小屋）の一つ。現在の建物は1929（昭和4）年の竣工。外観は唐破風と千鳥破風を組み合わせた桃山風の意匠が特徴で、1～3階が客席になっている。地下には奈落や機械室、事務室などを備える。1991（平成3）年、外観はそのまま内部は大規模に改築され、近代的な設備を備えた劇場に。歌舞伎のほか演劇公演なども行われる。

竣工■1929（昭和4）年
設計■白波瀬直次郎
住所■京都市東山区四条大橋東詰
交通■京阪「祇園四条」駅・阪急「河原町」駅すぐ
電話■075-561-1155
見学■外観見学自由、内観は公演時のみ
料金■公演により異なる
http://www.shochiku.co.jp/play/minamiza/

弥栄会館《やさかかいかん》[58頁]

城郭を思わせる不思議な雰囲気

劇場建築で知られる木村得三郎の設計。姫路城がモチーフといわれており、銅板瓦の屋根が何層にも重なる。1階のギオンコーナーでは、京舞や琴など七つの伝統芸能を一度に見ることができる。

竣工■1936（昭和11）年
設計■木村得三郎（大林組）
住所■京都市東山区祇園町南側570-2
交通■京阪「祇園四条」駅から徒歩10分
電話■075-561-1119
見学■ギオンコーナー公演19:00～・20:00～　12月～2月末頃は土・日曜・祝日の18:00～・19:00～　※季節・年により異なる
料金■大人3,150円・高大生2,200円・小中生1,900円
休日■3～11月は無休（8月16日のみ休）、12～2月末頃は土・日曜・祝日のみ開演
http://www.kyoto-gioncorner.com/

祇園甲部歌舞練場《ぎおんこうぶかぶれんじょう》[58頁]

花街で親しまれ続ける舞台

都をどりの会場として1873（明治6）年に誕生した歌舞練場。今の建物は、1913（大正2）年に現在地へ移転する際、新築されたもの。唐破風の玄関棟の奥に、舞台を備えた本館が控えている。

竣工■1913（大正2）年
設計■不詳
住所■京都市東山区祇園町南側570-2
交通■京阪「祇園四条」駅から徒歩10分
電話■075-541-3391
見学■外観見学自由、内観は公演時のみ　都をどり4月1日～30日、温習会10月1日～6日
料金■都をどり2,000円～、温習会4,000円～
http://www.miyako-odori.jp/

鴨沂高等学校《おうきこうとうがっこう》［60·61頁］

千鳥破風をのせた昭和の学校建築

1872（明治5）年、新英学校および女紅場として開校した日本初の公立女学校。現建物は1933〜1938（昭和8〜13）年にかけて建てられた。御所がすぐ西にあることから、モダニズムの中にも和風の意匠を取り入れてデザインされた。共学の府立高校として現役。

竣工■本館・特別教室棟・体育館・地下道出入口 1934（昭和9）年、普通教室棟 1935（昭和10）年 ほか
設計■十河安雄（京都府営繕課）
住所■京都市上京区寺町通荒神口下ル 松蔭町131
交通■京阪「神宮丸太町」駅から徒歩10分
電話■075-231-1512
見学■外観のみ（敷地内は立入禁止）
http://www.kyoto-be.ne.jp/ohki-hs/

京都市美術館《きょうとしびじゅつかん》［62·64·66頁］

コンペの名手がデザイン

「日本趣味を基調とすること」を条件に一般公募が行われ、数々のコンペで入選歴もある前田健二郎の設計案が採用された。24の展示室を備える鉄筋コンクリート造2階建。正面の破風や館内の照明など、随所に和の意匠が取り入れられている。

竣工■1933（昭和8）年
設計■前田健二郎・京都市建築課
住所■京都市左京区岡崎円勝寺町124
交通■市バス「京都会館美術館前」停すぐ
電話■075-771-4107
見学■9:00〜17:00（入館は〜16時30分）
料金■展示会により異なる
休日■月曜休、展示替期間休
http://www.city.kyoto.jp/bunshi/kmma/

聖母女学院 本館《せいぼじょがくいん ほんかん》［65頁］

歴史が息づく旧陸軍の庁舎

旧陸軍第16師団司令部庁舎。馬で乗り入れられる天井の高い玄関ホール、サーベルの跡がついた床などに歴史を感じる。1949（昭和24）年に聖母女学院が国より払い下げを受け、今は理事長室や事務室として使用。幼稚園から短大が同じ敷地内に。

竣工■1908（明治41）年
設計■陸軍省
住所■京都市伏見区深草田谷町1
交通■京阪「藤森」駅から徒歩3分
電話■075-641-0507
見学■内部見学は月〜金曜9:00〜17:00、土・日曜・祝日は外観のみ可 ※要予約
http://www.seibo.ed.jp/

4 建築史のお勉強

―クラシック、ゴシック、そしてモダン―

京都文化博物館 別館　もとは1906年築の日本銀行京都支店。現在のホールは、かつて銀行員が働いていた営業室。屋根のドーマー窓から入った光が、天井に差し込む仕掛けになっている。写真下端のついたてがカウンター。その向こうが入口と客溜まり。

左頁上／建物中央部の外壁はスクラッチタイル張り。2階が図書室だった。同下／昭和初期の姿で保存された3階東側の階段教室。ほかの階より天井がぐっと高い。

京都三井ビルディング　四条烏丸交差点に立つ筆者と、北東角にそびえ建つ旧三井銀行。列柱が保存されている。1914年築、1984年改築。

二〇世紀のなかごろからは、四《し》角《かく》い箱のようなビルがふえてきた。古くさい建築装飾は、ほどこさない。鉄とガラスとコンクリートで、キュービックにまとめてしまう。いわゆるモダンデザインの建物が、たてられだす。

こういう建物では、かざりつけによるごまかしがきかない。各部の比例配分やボリュームをととのえる腕前が、もろに見すかされる。そこが、建築をあじわう醍醐味となっており、おもしろいところでもある。

しかし、建物としてのうるおいはあまりない。どうだろう。立体図形の操作以外にも、建築の魅力はあるんじゃあないか。たとえば、古い様式や装飾のもつあじわいを、もういちど見なおしてみては……。と、そう問いただす人も、一九七〇年代あたりから、ふえてくる。

いわゆるポストモダンの建築が、こころみられるようになったのも、そのせいである。レトロな洋館がかえりみられだしたのも、こういう流れのたまものにほかならない。この本じたいも、その延長上にまちがいなくある。

◎西洋建築史の二大潮流

さて、西洋の古い歴史様式である。これらは、おおむね二つにわけてとらえることができる。地中海でうまれたクラシック系と、中北部ヨーロッパのゴシック系に、分類しうる。

日本では、銀行にクラシック系の建築を、よく見る。ゴシック系でいろどられやすかったのは、大学をはじめとする学校の校舎である。もっとも、その典型例と言えそうな建築は、今の京都にあまりのこっていない。

ゴシック系については、京都府立医科大学の旧附属図書館［73・74頁］があげられるくらいか。京都府の営繕課が、一九二九年にたてさせた建築である。縦に細長く、先のとがった窓に、ゴシック系のあじわいを感じてほしい。

京都府立医科大学
旧附属図書館
1929年

京都府立医科大学 旧附属図書館 窓の途中に階段がかかる不思議な光景。3階には東西の階段教室と貴賓室がある。

京都文化博物館 別館
1906年 設計 辰野金吾 ほか

クラシック系は、その本格派が、かつて四条烏丸の交差点に、二軒むかいあっていた。旧三井銀行（北東隅）［72頁］と旧三菱銀行（南東隅）の二軒が、それである。

どちらもたてなおされたが、旧観の痕跡はとどめている。とりわけ、三井ビル（一九八四年竣工 久米建築事務所設計）では、列柱がのこされた。八階建てとなった新ビルの、南西角を見てほしい。クラシックの見本とも言うべきイオニア式の柱が、その四層目までならびたっている。旧三井銀行は、レンガ造の二階建てであった。それが、鉄筋コンクリートのビルでは、四層目にまでとどいている。新しい建築が、天井までの高さをきりつめていることは、この外観から

上／ホール横から2階に上がる階段室。天井の意匠は部屋ごとにすべて微妙に異なるという凝りようだ。下／ドーマー窓や塔をのせた屋根は、ウロコ形のスレート葺き。

flowing KARASUMA

1916年　設計　辰野金吾

もとは山口銀行の建物で、現在はテナントビルとなっている。1階のカフェから2階へと続く階段は、天井が高い吹き抜けの空間。壁には窓用の梯子もかかる。

建築のお年頃は〝顔〟でわかる?

ファサード(正面)に注目すると、だいたいの築年が読み取れる。
20世紀初頭は、装飾の飾りが深くてデコラティブ。
その後10年ほどで、あっさりとした幾何学模様に変化してくる。

1902年築
旧京都郵便電信局(現中京郵便局)
三条通に面する3つのうち、真ん中の入口。凹凸の深い彫刻が見られる。

1906年築
旧日本銀行(現京都文化博物館 別館)
玄関上部は立体的で華やか。

1906年築
旧第一銀行(現みずほ銀行 京都中央支店)
装飾が凝らされたファサード。2003年にたてなおされた現代建築だが、外観は古いそれをたもっている(22頁参照)。

1916年頃築
旧不動貯金銀行(現SACRAビル)
円や球がモダンなデザインを構成している。

1916年築
旧山口銀行(現flowing KARASUMA)
幾何学模様が多用されている。

もとは京都中央電話局上分局として設計された。屋根や窓の形など北ドイツ風の造形が目を引く。装飾は少なく、縦のラインが強調されている。

もうかがえよう。

旧建築の壁まわりだけをのこして、新しいビルの背を高くする。そんないとなみを、建築家たちは腰巻保存とよぶ。女性の和装下着である腰巻が、下肢だけをつつむ姿に、似かよっているからである。

そして、三井ビルでは、建築の下肢にあたる、その一部だけが、古い外壁でおおわれた。私はその光景に、男性の和装下着であるフンドシを連想する。ひそかに、フンドシ保存と名づけているしだいである。

◎彫りの深さから見えること

京都府の京都文化博物館 別館［25・70・75・77頁］は、もともと日本銀行の京都支店としてたてられた。その設計には、明治を代表する建築家の辰野金吾が、かかわっている。そして、京都には辰野の事務所で設計された金融関係の建築が、四軒のこっている。そのうち三軒を、ここでは紹介しておこう。

京都文化博物館 別館（旧日本銀行京都支店 一九〇六年竣工）

みずほ銀行（旧第一銀行京都支店 一九〇六年竣

左頁／半円形の屋根をY字型の柱が支える玄関ポーチ。設計者の森田慶一は、建築の芸術性を追求する分離派建築会の創立メンバーだった。

京都大学楽友会館

1925年　設計　森田慶一

工）［25・77頁］

flowing KARASUMA（旧山口銀行京都支店　一九一六年竣工）［76・77頁］

それぞれ、外観の基本はクラシック系で、できている。だが、本格派のそれとは言いにくい。ゴシック的な要素もまぎれこんでいる。ややルーズなクラシックだと言えようか。

くらべれば、最後の旧山口銀行が、外壁の凹凸はいちばん薄く、平べったい。さまざまな装飾はあるが、たいてい幾何学的なパターンで処理されている。窓飾りが、もっともあっさりしているのも、これである。

最初の旧日本銀行は、彫りが深い。窓の上部も、麗しくかざられている。玄関には、かなりおおげさなアーチが、そえられた。そして、旧第一銀行は、両者の中間的な意匠で、まとめられている。日銀と第一は同じ時期の建物なのに、日銀のほうがいかめしい。国家の銀行は、民間のそれより重々しくかざられたということか。

同じ事務所の同じ銀行建築が、二〇世紀初頭に、外観をかえていく。より平滑にあっさりと、そして装飾は幾何図形風になりだした。

ひとり、辰野事務所の銀行建築だけが、そう

いう変貌をとげたのではない。これは、一九〇〇年代から一九一〇年代にかけての、一般的な傾向であった。オフィス・ビルの外装そのものが、そううつりかわっていったのである。

さいわい、この三軒は、おたがい近いところにたっている。それらを、できれば、時代順にながめていってほしい。建築様式の二〇年間にわたる推移が、わずか五〇〇メートルほどで見わたせる。建築様式史の流れがてっとりばやくのみこめる、絶好のコースになっている。

ここでコツがわかれば、二〇世紀初頭の見取図も、おおよそつかめよう。ほかの建築を見た時も、その竣工年がおしはかれる。それだけの眼力ができることを、うけあおう。たとえば、窓の上部がていねいにかざられている中京郵便局［6・25・77頁］は、かなり古い。二〇世紀にはいって、まもないころの建物ではないか、と。あるいは、装飾の幾何図形化が見られるSACRAビル（旧不動貯金銀行京都支店）［23・25・77頁］は、やや新しい。一九一〇年代のなかごろには、なっていそうな気がするというように。

じっさいの竣工年は、それぞれ一九〇二年

京都大学楽友会館　右頁／階段には、青と緑を基調にしたアーチ形の小さな窓が並ぶ。色むらのある壁のタイルも味わい深い。上／玄関ホールの中央には色ガラスを使った大きな照明が下がる。手前の照明の金属部に施された繊細なカーブは、今では再現できないそうだ。

梅小路蒸気機関車館 扇形車庫
1914年

（吉井茂則、三橋四郎設計）と一九一六年頃（日本建築設計）。おおよそ、あっている。年代鑑定の通人をきどることだって、できない相談ではない。まあ、まわりからはそういううんちくが、きらわれるかもしれないが。

◎モダンデザインの夜明け前

二〇世紀はじめのゼロ年代、一〇年代に、クラシックの形式が簡略化されていく。このうごきは、新しいモダンデザインへの、前ぶれをなしている。一九三〇年代から芽をふきはじめる新建築への、前奏曲だと言ってよい。

一九二三年には、京都中央電話局上分局（現FRESCO）［78頁］も、あらわれた。ここでは、躯体が四つのボリュームにわけられている。そして、設計者（吉田鉄郎）の好みとおぼしきドイツ民家風の屋根が、すえられた。

京都大学の楽友会館（森田慶一設計 一九二五年竣工）［79・80・81頁］も、見おとせない。入口のポーチやY字型の柱は、アムステルダムの新傾向をまねたのだろうか。ゴシック系のなごりめいた気配も、のこっていなくはない。しかし、それまでより自由な設計がこころみられたこと

は、たしかだろう。
クラシックのルールは、時代が下るにしたがい解体されていく。モダンデザインという新しい様式ができる直前には、大きくゆらぎだした。そんな時代だからこそ、和風の屋根をいただく京都市美術館［62・64・66頁］もなりたったと、私は考える。ドイツ民家風の屋根が、一九二〇年代のビルへ、もぐりこめたのと同じように。
梅小路の蒸気機関車館（旧機関車庫）［82・83・84頁］は、しかし今のべたストーリーに、あてはまらない。一九一四年の建築だが、モダンデザインをさきどりするようなたたずまいで、たっている。その出現は、様式史の常識から見て、二〇年はやい。
おそらく、蒸気機関車の車庫だから、旧来の様式美はもとめられなかったのだろう。気どりのない即物的なかまえで、ことたりたにちがいない。それが、モダンデザインの秀作と見まがう建築の誕生を、結果的にうながしたのだろう。あるいは、設計にかかわったとされる渡辺節の口ぞえが、物を言ったのかもしれない。だとすれば、旧様式の建築家にも、モダンなプロポーションの感覚はあったことになる。

右頁／転車台を囲んで扇形に造られた機関車の車庫が、美しい曲線を描く。全部で20の引き込み線がある。上／コンクリートの柱が何本も並ぶ車庫の中では、明治から昭和期にかけて活躍した蒸気機関車が保存展示されている。

梅小路蒸気機関車館 扇形車庫　機関車の煙を逃がすための吸い込み口。上に煙突が立つ仕組みで、今も5本が残る。

京都三井ビルディング《きょうとみついびるでぃんぐ》 [72頁]

どっしりとした銀行建築の面影

1914（大正3）年に建てられた旧三井銀行京都支店。一部を残して大幅に改築され、現在はオフィスビルに。交差点に面したコーナー部分は鈴木禎次が設計した建築当初のもの。

竣工■1914(大正3)年
改築■1984(昭和59)年
設計■鈴木禎次
改築■久米建築事務所
住所■京都市下京区四条通烏丸東入ル 長刀鉾町8
交通■地下鉄「四条」駅・阪急「烏丸」駅すぐ
電話■075-255-5986(防災センター)

京都府立医科大学 旧附属図書館《きょうとふりついかだいがく きゅうふぞくとしょかん》 [73·74頁]

玄関や窓の尖塔アーチが目を引く

印象的な外観は、モダンデザインを取り入れたネオ・ゴシックスタイル。内部は改修され、生協やサークル室として使われている。3階東側には建築時のままの姿で階段教室が保存されている。

竣工■1929(昭和4)年
設計■京都府営繕課
住所■京都市上京区河原町通広小路上ル 梶井町465
交通■京阪「神宮丸太町」駅から徒歩10分
電話■075-251-5111
見学■外観見学自由(1階生協・地階食堂のみ一般利用可)
http://www.f.kpu-m.ac.jp/

京都文化博物館 別館《きょうとぶんかはくぶつかん べっかん》 [25·70·75·77頁]

凝った意匠は見応えたっぷり

日本銀行京都支店としての役目を終えたのは1965（昭和40）年。平安博物館として使われた時代を経て、1988（昭和63）年から京都文化博物館の別館に。赤煉瓦に白い花崗岩のラインを横に走らせ、多彩な塔を配した辰野式と呼ばれる外観は、今も昔も三条通のランドマーク的存在。内部は天井が高く、いかにも昔の銀行らしい雰囲気が漂う。普段は無料で見学できるほか、コンサートや展覧会などのイベントも頻繁に開催されている。

竣工■1906(明治39)年
設計■辰野金吾・長野宇平治
住所■京都市中京区三条高倉
交通■地下鉄「烏丸御池」駅から徒歩約3分
電話■075-222-0888
見学■10:00〜19:30 ※イベント時は変更あり
料金■無料(イベントにより有料)
休日■月曜休(祝日は開館、翌日休館)
http://www.bunpaku.or.jp/

flowing KARASUMA《ふろーいんぐ からすま》[76·77頁]

オフィス街の交差点で放つ存在感

京都文化博物館の別館と同じく、辰野金吾の設計。1916（大正5）年に、旧山口銀行京都支店として建てられた。その後、幾度か用途が変わり、現在は「flowing KARASUMA」の名で1階はカフェ、2階はヨガなどの教室やイベントに使われている。内部はたびたび改装されているが、大きな丸柱や古い金庫の扉、床のタイルなど、昔の面影を留める部分も多い。この時代に流行したセセッション様式の特徴である、幾何学的な装飾も見どころ。

竣工■1916（大正5）年
設計■辰野金吾（辰野・片岡建築事務所）
住所■京都市中京区烏丸通蛸薬師下ル 手洗水町645
交通■地下鉄「四条」駅・阪急「烏丸」駅から徒歩4分
電話■075-257-1451
営業■11:30～23:00（フードLO22:00、ドリンクLO22:30）
休日■無休（貸切の場合あり）
http://www.flowing.co.jp/

FRESCO 河原町丸太町店《ふれすこ かわらまちまるたまちてん》[78頁]

川縁に建つドイツ風デザインの電話局舎

逓信省技師・吉田鉄郎が、京都中央電話局上分局として設計。北ドイツ民家風の、窓のついた屋根が特徴的だ。1階はレストラン時代を経て現在はスーパーのFRESCO、2階にはスポーツクラブが。

竣工■1923（大正12）年
設計■吉田鉄郎
住所■京都市上京区丸太町通河原町東入ル駒之町561-1
交通■京阪「神宮丸太町」駅すぐ
電話■075-231-7211

SACRAビル《さくらびる》[23·25·77頁]

幾何学模様のモダンスタイル

旧不動貯金銀行京都支店。補強・改装され現在はテナントビルに。外観や内部の木の階段、窓周りなどに幾何学模様を用いたモダンなデザインがあしらわれている。10店ほどのショップが営業中。

竣工■1916（大正5）年頃
設計■日本建築
住所■京都市中京区三条富小路角 中之町20
交通■地下鉄「京都市役所前」駅から徒歩5分
電話■075-341-1101（京都三条開発）
見学■営業時間・休業日は店舗により異なる

京都大学楽友会館《きょうとだいがくらくゆうかいかん》[79・80・81頁]

白壁に明るいオレンジの屋根が映える

京都大学創立25周年を機に建てられた同窓会館。設計は建築科の助教授・森田慶一、室内装飾は東京高等工芸学校教授の森谷延雄が手がけた。資料をもとに昔の面影を残す形で改修が行われ、2010（平成22）年よりラウンジや食堂、会議室を備えた大学関係者の交流の場として使われている。一般利用ができるのは食堂のみだが、エントランスや小窓が印象的な階段は、食堂へ向かう途中で目にすることができる。外観は白い壁にオレンジの瓦屋根をのせた、スパニッシュスタイルが基調。

竣工■1925(大正14)年
設計■森田慶一
住所■京都市左京区吉田二本松町
交通■市バス「近衛通」停すぐ
電話■075-753-7603
営業■食堂11:30～21:00(LO20:30)
休日■食堂のみ一般利用可　日曜・祝日、6月18日
http://www.kyoto-u.ac.jp/ja/profile/intro/facilities/kyoshokuin/rakuyu/

梅小路蒸気機関車館 扇形車庫《うめこうじじょうききかんしゃかん せんけいしゃこ》[82・83・84頁]

往時を偲ぶ貴重な近代化遺産

現存する国内最大規模の機関車車庫。1914（大正3）年に竣工。日本の鉄道開業100年を機に、1972（昭和47）年からは機関車の博物館として公開されている。 車両の方向を変える転車台を中心に据え、扇形に配置された車庫と作業場は、煉瓦造が一般的だった当時としては最先端の鉄筋コンクリート造。煙を逃がす煙突も残っている。貴重な車両も19両が展示されており、うち7両は今も動く。日に3回、実際に走るSLに乗る機会も。

竣工■1914(大正3)年
設計■鉄道院西部鉄道管理局
住所■京都市下京区観喜寺町
交通■JR「丹波口」駅から徒歩15分
電話■075-314-2996
見学■9:30～17:00(入館は～16:30)　休日■月曜休(祝日の場合は翌日)
※3月25日～4月7日・7月21日～8月31日は開館
料金■大人400円・4歳～中学生100円　※SLスチーム号乗車 大人200円・4歳～中学生100円（別途入館料要）
http://www.mtm.or.jp/uslm/

5 エロスのたわむれ

——ヌードの乱舞と風俗街——

アドエ芸　街なかに突然出現したヴィーナス。愛と美の女神を描いたボッティチェリのテンペラ画「ヴィーナスの誕生」に着想を得たレリーフで、ビルの建築時に何か新しい試みを、と外壁をアートで飾ることにしたとか。

左頁／事務所の入口に立つテミス像。2階の窓にまで
届く大きさで、圧倒的な存在感がある。

市内の小川通二条を、すこし下ったところに、知原法律事務所［91頁］のオフィスがある。二〇世紀末にできた、ごくふつうの建物である。ただ、高さが三・五メートルにおよぶ裸婦像を壁にすえつけたところは、きわだつ。

ギリシア神話の女神であるテミスを、かたどった像であるという。テミスは掟や正義の女神であり、法律事務所の目印にふさわしいとされたのだろう。

左手にもったてんびんは、悪の重さをはかるための道具である。右手の剣は、正義をつらぬく力の象徴か。目が遮蔽物でおおわれた様子は、公平無私であろうとするかまえを、しめしているという。裸の女が目かくしをされているからといって、妙なプレイは想像しないでほしい。

建築ガイドの本で、これをとりあげたものは、他にないだろう。だが、巨大な裸婦のうわさは、けっこうでまわっている。じっさい、ここは修学旅行生たちのおとずれる、かくれた人気スポットでもある。

京都府庁のそばにあるアド工芸の社屋［88頁］も、ヌードのレリーフで、評判をよんでいる。ビルじたいは、築四〇年といったところだろうか。こちらでは、ボッティチェリの貝殻にのったヴィーナス像が、手本となっている。

◇摂政宮が目にした裸体像

京都大学の時計台［92・93頁］は、一九二五年にたてられた。建築家・武田五一の作品として、ふつうはとりざたされる。しかし、ここではドアの上部をかざる、やはりヌードのレリーフに、目をむけたい。

このレリーフは、一九二四年にしつらえられた。作者は、斎藤素巌。建築にそえられる彫刻を、いくつもてがけたことで知られる彫刻家である。

裸の男女が雲の上にたゆたう様子を、この作品はうかびあがらせている。もとは石膏でできており、帝展へ出品され人気をあつめた。これを京大がゆずりうけ、ブロンズにしたうえで、ここへかざったのである。

とりつけの作業を、大学当局はたいそういそがせたらしい。摂政宮が京大をおとずれる、その日にまにあうようせかしたのだという。どうやら、京大はヌードのうきぼりを、のちの昭和天皇に見てもらいたかったようである。

知原法律事務所
テミス像　1997年　制作　小泉武寛

京都大学百周年時計台記念館

1925年　設計　武田五一

遷都千百年（一八九五年）の博覧会では、黒田清輝の裸婦像が話題をあつめている。だが、明治天皇には見せることをはばかった。天皇の訪問にあわせ、博覧会当局はこの絵を布でおおっている。そして、二九年後の大学は、やや自慢気にみせつけようとした。

ヌードの公開に関する考え方が、これだけの期間で一変したことを、読みとれよう。

とはいえ、正面玄関の表へかかげたわけではない。玄関奥の、やや気づきにくいところへ、すえつけている。裸でからまりあう男女の居場所としては、そのあたりがおとしどころだとされたためか。

つぎに、NTT京都支店西陣別館（旧京都中央電話局西陣分局舎）［94頁］のことも、紹介しておこう。岩元禄の設計で一九二一年に竣工した、当時としてはたいそう前衛的な建築である。クラシック系のなごりも見えるが、その解体もここではおおきくおしすすめられた。

正面へすえられた三本の列柱も、クラシックのルールを、大胆にくずしている。様式をきめるかんどころの場所、その頂部に建築家は裸婦像をおいていた。因習的な様式建築ではなく、

表現芸術としての建築をめざしたい。そんなこころざしを、あられもなくあふれださせた作品だと言える。

裸婦像を、通りに面した表へそえたところも、当時としては画期的であった。やや抽象化されたトルソで、ヌードのなまなましさは、さけられている。それでも、ここへつとめる電話交換嬢たちは、とおるたびに顔をあからめたらしい。

岩元禄は、竣工後まもなく、二十九歳でなくなった。夭折の建築家である。自分の裸婦像で、西陣の娘たちが頰をそめている。そんな話を病の床で耳にし、生きるよろこびをあじわっていたかもしれない。

ヌードついでで、長楽館（J・M・ガーディナー設計　一九〇九年竣工）［95・96・97頁］にも、ふれておく。これは、明治のたばこ王として知られる、村井吉兵衛がたてさせた迎賓館である。

一九世紀末の村井は、ヌードのカードを付録にそえたたばこで、売上をのばしていた。のちに、この営業は禁止されている。しかし、ここのレストランで明治のヌードをしのびつつ食事をたのしむのも、一興だろう。

右頁／端正な建築の旧京都帝国大学本部本館。設計した武田五一は建築学科の初代教授でもあった。上／この不思議なレリーフは、時計台の正面玄関車寄せの上にひっそりと掲げられている。

旧京都中央電話局西陣分局舎

1921年　設計　岩元禄

◇エロスのなごりでお茶をのむ

レトロなエロスと言えば、誰しもカフェの女給をあげようか。今でいうホステスさんたちの、そのさきがけとなる女たちである。京都でも、一九一〇年代から、彼女らが媚態にあふれる接客をはじめている。

エプロンをまとった女給がつとめていた最後の店、西陣の天久はもうなくなった。岐阜の大正村に、今は移築保存されている。だが、同じ西陣で、静香［98・99頁］というかつてのカフェをのぞくことは、まだできる。

もちろん、往時の女給はもういない。西陣の

右頁上／建物の北側、入口上の3本の柱の上には1体ずつ裸婦像がのっている。レリーフパネルにも裸の踊り子の姿が。同下／岩元祿が設計したわずか3つの作品の中で、現存する唯一の建物。

旦那衆と上七軒あたりの芸妓がまちあわせをする、艶っぽい場面もなくなった。しかし、古い蓄音機と真空管ラジオ、そしてレジスターは、今でもある。水上勉が書いた『京の川』（一九六五年）あたりを片手に、西陣のさかりをしのびたい。

四条大橋をはさんだ北東と南西に、レストランの菊水［100頁］と東華菜館［101頁］が、むかいあっている。どちらも、たてられたのは一九二六年、建築ガイドではおなじみの建物である。

ともに、たてられたころは、エプロン姿の女給たちが、客をもてなす場であった。菊水には、彼女らもおどったろうダンス用のフロアーが、のこっている。レトロな気分へひたるには、こちらのほうがいいかもしれない。

東華菜館は、中華料理の店になっている。しかし、もとは矢尾政というフレンチ風のビア・レストランであった。こちらでも、まだつかわれている半手動のエレベーターなどで、昔を想いおこしてほしい。

東華菜館＝矢尾政の設計者は、ウィリアム・メリル・ヴォーリズ。関西には数多くの洋館をのこした建築家である。

菊水の設計者は、上田工務店の松村次郎であるという。その人となりは、よくわからない。ただ、階段室の窓は、卒直に言ってわりつけが下手である。建築の心得がそれほどあった人の設計では、ないだろう。

だが、階段室のてっぺんを、パラボラ曲線でまとめたところは、目をひく。この形は、山田守が東京の中央電信局（一九二五年竣工）で、はじめてひねりだした。時代の尖端をゆく造形である。それがすぐ京都でまねられたところに、いわゆるモダンエイジの時代相がうかがえる。

長楽館　内装の豪華さに比べシンプルな外観は、ルネサンス様式。1909年築。

長楽館

1909年　設計　J・M・ガーディナー

2階へと向かう階段の途中には踊り場があり、来客がここから邸内を眺められるようになっている。

たばこ王の迎賓館らしく、瀟洒な造りの中2階、喫煙の間。床はイスラム風のタイルで、壁には中国の雷電模様が描かれている。

なお、本家の電信局は、もうこわされている。ここでそちらをしのぶことも、建築好きにはすすめよう。

余談だが、同じ山田守の京都タワーは、ウナギの陰茎という陰口もあびてきた。エロ話のついでに、のべそえておく。

◎風俗街の小学校

エロスの今を語るのなら、木屋町の三条から四条およびその周辺も、はずせない。ここ十数年、このかいわいではさまざまな風俗営業が、あらわれた。京都における、ちょっとしたピンク・ゾーンとなっている。

立誠小学校［102頁］を、一九九三年に廃校としたことが、木屋町のピンク化をおしすすめた。風俗取締りの法規は、文教施設のそばで風俗営業がいとなまれることを、みとめない。そこから五百メートル以内のところでは、出店をゆるしてこなかった。このあたりでも、立誠小学校が風俗の店をせきとめる、その防波堤になっていたのである。

しかし、学校がとじられてからは、それをはばむよりどころがなくなった。風俗がらみの業

者は、大手をふって店をだせるようになったのである。そして、行政当局は、それをおしとどめることができなかった。その結果が今の木屋町である。

旧小学校じたいは、一九二八年に京都市の営繕課が設計して、できている。様式建築がモダンデザインへ移行する直前の姿を、あらわした校舎である。玄関やバルコニーまわりの簡略化された旧様式が、おもしろい。

高瀬川の上を、橋でこえて校内へ入るアプローチも、かわっている。あたりが、風俗街めいてきたせいだろうか。私はここで、同じアプローチをもつ江戸東京の旧吉原遊郭を、しばし幻視する。

この旧小学校は、祇園・木屋町特別警察隊の拠点基地として、しばらくつかわれた。二〇〇九年からは、木屋町警備派出所ももうけられている。あたりがぶっそうになったおかげで、ここともかかわる警察の予算や人員は、ふくらんだ。まあ、そのために廃校という手で周囲の風俗街化を、うながしたわけではなかろうが。

右頁右／昔から変わらぬ喫茶店の佇まい。右手はたばこの販売スペース。同左／昭和の懐かしさが薫るこぢんまりとした店内。上右／父親から店を受け継いだというオーナーの宮本和美さん。上左／店の奥には煉瓦塀に囲まれた小さな庭がある。

レストラン菊水

1926年　設計　松村次郎

上／東華菜館の屋上からの眺望。四条大橋を渡った北側にはレストラン菊水、南側には大きな瓦屋根の南座が見える。下右／雰囲気のある石の階段が上階まで続いている。下左／洋瓦をのせたパラボラ（放物線）塔。

東華菜館
1926年
設計 W・M・ヴォーリズ

上右／羊頭に魚や貝と、ユニークなファサードの装飾。上左／アーチ形の入口がデコラティブな個室。他にも宴会場など十数室ある部屋は、一つひとつ趣向を凝らしてデザインされている。下／今も稼働している、蛇腹の内扉がついたアメリカ製の手動式エレベーター。1924（大正13）年に製造されたもの。

元·立誠小学校
1928年

右上／校舎は3階建て。現在はライブ、アート展示などイベント開催時に入ることができる。左上／木屋町通と校舎を結ぶのは、高瀬川にかかる橋。高瀬川は江戸初期に角倉了以・素庵父子によって開削された。右下／3階には作法や茶道・華道の稽古に使われた60畳の大広間・自彊室(じきょうしつ)が残る。

アド工芸《あどこうげい》[88頁]

街角に現れるヴィーナス

看板の設計・施工を手がけるアド工芸の社屋ビル外壁に埋め込まれているのはヴィーナスのレリーフ。日本画家でもあった先代の会長が、建物にもアートをと自らデザインした。今の像は2代目。

レリーフ完成■初代1972(昭和47)年、2代目1974年頃
レリーフデザイン■人見久一
レリーフ制作■アトリエ・アール・ヌーボー
住所■京都市上京区下長者町通新町西入ル 藪之内町84
交通■地下鉄「丸太町」駅から徒歩10分
電話■075-431-8181
見学■外観のみ見学可

知原法律事務所《ちはらほうりつじむしょ》[91頁]

天秤と剣を手にした法の女神

事務所の新築に合わせ、公平を表す天秤と正義を表す剣を持つ法の女神・テミス像を壁面にデザイン。当初は衣を着せる予定だったが、施主は裸像の美しさを気に入り、この姿で完成としたそう。

レリーフ完成■1997(平成9)年
レリーフ制作■小泉武寛
住所■京都市中京区小川通二条下ル 古城町344
交通■地下鉄「二条城前」駅から徒歩5分
電話■075-231-6615
見学■外観のみ見学可

京都大学 百周年時計台記念館《きょうとだいがく ひゃくしゅうねんとけいだいきねんかん》[92·93頁]

時計台玄関に掲げられた芸術作品

武田五一が設計した時計台の入口には、裸体の男女のレリーフが[93頁]。もとは斎藤素巌が帝展に出品した石膏作品で、それをもとにブロンズで鋳上げてある。オリジナルの石膏レリーフは附属図書館内の壁に。

竣工■1925(大正14)年
石膏レリーフ完成■1924(大正13)年
設計■武田五一
石膏レリーフ制作■斎藤素巌
(ブロンズレリーフ 阿部整美)
住所■京都市左京区吉田本町
交通■市バス「京大正門前」停から徒歩5分
電話■075-753-7531
見学■外観見学自由、内観は9:00～21:30
http://www.kyoto-u.ac.jp/ja/clocktower/

長楽館《ちょうらくかん》［95·96·97頁］

たばこ王の絢爛豪華な迎賓館

明治のたばこ王・村井吉兵衛が迎賓館兼別荘として建てた。ロココ、ネオ・クラシック、中国風……と部屋ごとに趣向が凝らされた贅沢な空間。現在はカフェ、レストラン、ホテルとして利用できる。

竣工■1909（明治42）年
設計■J・M・ガーディナー
住所■京都市東山区祇園円山公園
交通■京阪「祇園四条」駅から徒歩10分
電話■075-561-0001
営業■カフェ10:00～20:30（LO）、レストラン11:30～14:00（LO）・17:30～20:00（LO）
休日■無休
http://www.chourakukan.co.jp/

旧京都中央電話局西陣分局舎《きゅうきょうとちゅうおうでんわきょくにしじんぶんきょくしゃ》［94頁］

建築の芸術性を追求

逓信省の技師で、天才と謳われた岩元祿の作品。壁面や軒下、柱の上に裸婦像やレリーフを配した建物は当時大きな話題になった。現在はNTT関連やその他のIT企業が入居。

竣工■1921（大正10）年
設計■岩元祿
住所■京都市上京区油小路通中立売下ル 甲斐守町97
交通■市バス「堀川中立売」停から徒歩5分
電話■075-251-9833（NTT西日本 京都支店）
見学■外観のみ見学可

喫茶 静香《きっさ しずか》［98·99頁］

昭和初期のやさしい空気が流れる

1937（昭和12）年に先斗町の芸妓が始めた喫茶店。翌年オーナーが代わった際に改修され、昭和の面影が色濃く残る、今の店舗ができあがった。タイルやベルベットの椅子にも懐かしさが漂う。

竣工■1919（大正8）年
改修■1938（昭和13）年
設計■不詳
改修■岡田工務店
住所■京都市上京区今出川通千本西入ル 南上善寺町164
交通■市バス「千本今出川」停すぐ
電話■075-461-5323
営業■7:00～19:00
休日■第2・4日曜休

東華菜館《とうかさいかん》［101頁］

見飽きないデコラティブな装飾

ビアレストラン・矢尾政として建てられ、1945（昭和20）年からは北京料理店として営業。蛸や貝など海の生き物をモチーフにした玄関周りの装飾は圧巻だ。ヴォーリズには珍しい商業建築。

竣工■1926（大正15）年
設計■W・M・ヴォーリズ
住所■京都市下京区四条大橋西詰
交通■京阪「祇園四条」駅・阪急「河原町」駅すぐ
電話■075-221-1147
営業■11:30～21:30（LO21:00）
休日■無休
http://www.tohkasaikan.com/

レストラン菊水《れすとらんきくすい》［100頁］

バラエティに富んだ建築スタイル

アール・デコやスパニッシュ、表現主義など当時流行の多彩なデザインが混在する。創業者自らが日本各地や上海を視察し、地元工務店とともにアイデアを練ったそう。スペイン瓦の塔屋が目印。

竣工■1926（大正15）年
設計■松村次郎（上田工務店）
住所■京都市東山区四条大橋東詰 川端町187
交通■京阪「祇園四条」駅・阪急「河原町」駅すぐ
電話■075-561-1001
営業■10:00～22:00（LO21:30）
休日■無休
http://www.restaurant-kikusui.com/

元・立誠小学校《もと りっせいしょうがっこう》［102頁］

高瀬川のほとりに建つレトロな校舎

1993（平成5）年に廃校になった小学校。アーチ形の玄関やバルコニーの装飾が、高瀬川にかかる橋とともにレトロな風情を醸し出す。今は地元が主催するアート展示・ライブなどのイベント等に活用されている。

竣工■1928（昭和3）年
設計■京都市営繕課
住所■京都市中京区蛸薬師通河原町東入ル 備前島町310-2
交通■阪急「河原町」駅・京阪「祇園四条」駅から徒歩5分
電話■075-371-2009（京都市教育委員会）
見学■外観見学自由、建物内は不可（イベント開催時に見学できることがある）

コラム 知られざる建築家 2

武田五一の才能をおしみたい

いきなり人事の話からはじめるのはどうかと思うが、あえて書く。武田五一（一八七二～一九三八）は、若いころから出世の途をあゆみだしていた。

第三高等中学、つまりのちの三高をへて、東京帝大の造家（建築）学科へ入学する。そして、大学院を二七歳でおえ、すぐ助教授となっている（一八九九年）。東京帝大でも、将来を見こまれた建築家ではあった。

その翌年、二八歳の時から、いわゆる洋行を命じられる。イギリス、フランス、ドイツで図案をまなぶために、三年間留学した。

ほんらいなら、建築研究にたずさわる洋行であって、しかるべきだろう。なのに、武田は図案をテーマとして、彼地へおもむいている。

これは、帰国後に京都高等工芸学校への就任が、見こまれていたためである。今の京都工芸繊維大学で図案科の主任教授となることを、あらかじめきめていた。それで、図案研究をえらんだのだと、みなしうる。

しかし、武田には東大で教授になる途もあった。まわりもそれをのぞんでいたはずである。にもかかわらず、あえて京都へゆくことを、武田はえらんでいる。東大のあり方に、なじめぬ何かがあったのか。若さゆえの客気で、新しい方向をめざしたのか。理由はわからないが、首都でかがやいた希望の星は、そこでの栄達をすてている。

京都人、関西人には、ちょっとなかせるふるまいである。このごろ、関西にいる近代建築好きのあいだでは、武田人気が高まりだしている。首都をすてた心意気も、ひいき筋の気持ちをくすぐっているような気はする。

武田は一九〇三年に、三一歳で京都高等工芸の教授となった。しかし建築へのかかわりをやめたわけではない。議事堂

京都大学 百周年時計台記念館　武田五一設計。細部にもこだわりのデザインが残る。［103頁参照］

建築の調査やF・L・ライトの紹介をふくめ、そちら方面の仕事もつづけている。

一九二〇年には、京都帝大が建築学科をもうけた。武田はその主任教授となっている。京大建築学科の基礎をつくり、最初にひきいたのは武田であった。

目はしのきく建築家ではあったのだろう。ヨーロッパの新しいうごきをとりいれるのは、ほかの建築家たちよりはやかった。アール・ヌーボー、セセッション、アール・デコ、ライト式……。アカデミックな古典形式をつきくずすさまざまな動向に、武田は心をよせていく。そのデザイン遍歴は、京都にのこされた建築群からも見てとれる。

ただし、コルビュジェらのモダン・デザインは、しりぞけた。あんなのは、工場か倉庫でしかつかえないという、旧派のかまえをたもっている。

今の目でつめたくながめれば、こんな位置づけもできるかもしれない。武田は、アカデミックな形式をこわすいきおいの、先頭をはしっていた。だが、きちんとした様式建築は、のこせなかった建築家である、と。

しかし、それも悪くはない。旧様式の解体によるさまざまな症候群が、武田の建築からは見てとれる。そして、京都はその宝庫となっている。東アジアでくずれゆく旧様式の遺構をながめたいのなら、京都へくればよい。と、そう前向きにとらえる手は、あるだろう。

くりかえすが、京都、関西では、ぬきんでたエリートとして遇された。建築の設計だけにかぎらない。図案と工芸、古社寺保存、橋や街燈の造形等々、さまざまな仕事にかりだされている。そして、武田はそれらに、うすくひろくたずさわった。

ひとつひとつの設計に、推敲をかさねるようなゆとりは、なかったと思う。やっつけ仕事ですませた設計も、すくなくない。せっかくの才気が、それですりへらされてしまったようなところも、武田にはあっただろう。

京都と関西は、武田を重宝しすぎた。その能力を浪費させてもいる。こちらへきたことが、武田にとってよかったのかどうかは、わからない。晩年はお茶屋がよいで、花柳の巷をたのしんでいたという。

1928ビル　こちらも武田の設計。旧大阪毎日新聞社京都支局。［121頁参照］

1928ビル　窓からやわらかな光が差し込む、半地下のカフェアンデパンダン。柱や壁のタイルは毎日新聞社時代のもの。床は新旧のデザインが混じっている。もとは大阪毎日新聞社京都支局、1928年築。

6 安藤忠雄と若林広幸

——京都で仕事をするということ——

左頁／高瀬川のせせらぎが近いテラスは、桜並木も目の前（写真のカフェは2011年5月に閉店）。右下／三条通と反対側、建物の南にもひっそりとした出入口がある。

ヴェネチアやアムステルダムは、運河の街として知られている。街のいたるところに、運河がながれている。その水辺を、空間的にあじわおうという気持ちが、市民にもゆきわたっているせいだろう。運河ぞいの道などで、手すりを見かけることはまずない。

　足をふみはずして、運河へおちる危険性は、けっこうある。酔っぱらいや幼児に、その可能性は高い。しかし、無粋な手すりで水辺の雰囲気をだいなしにしたくないと、彼地では考えられてきた。人命より街のうるおいを重んじる街づくりに、あちらはなっている。

　いっぽう、日本の行政は、なによりも人命を大事にする。あるいは、人命がらみの訴訟沙汰をけむたがる。ためしに、川ぞいの路上を見わたしてみてほしい。都市部は、たいてい手すりなどで、人がおちないようはかられている。金網を高くはりめぐらしているところだって、なくはない。

◇安藤忠雄の雄たけびを聞く

　さて、安藤忠雄のTIME'Sビル（第一期　一九八四年竣工、第二期　一九九一年竣工）［110・111頁］である。どちらも、高瀬川という運河に面している。川ぞいに、プラットフォームを、はりだしている。にもかかわらず、手すりはほどこされていない。ヴェネチアやアムステルダムのような空間が、そこにはできている。

　画期的な仕事である。よく、役所の確認申請を無事にとおったなと、建築の心得がすこしある私は、そう思う。

　高瀬川は底があさい。わずかに、数センチといったところであろう。あんなところへおちても、人命がそこなわれるはずがない。役所がゆるしたのも、あたりまえじゃあないかと考えるむきも、おられようか。

TIME'S I&II
1984年／1991年　設計 安藤忠雄

左頁上／青空の下で鑑賞できるミケランジェロ「最後の審判」。
同下／建物の複雑な階層や水を使った演出が魅力。

だが、それは甘い。日本の役所は、あんなところでさえ、手すりをつけさせようとするのである。

その証拠に、TIME'Sビルのあとで、北側へできたビルを見てみよう。安藤作品とは、三条通をへだててむかいあっているビルである。やはり、高瀬川へむかって、プラットフォームをもうけている。そして、そこにしつらえられた手すりを、じっくりながめてほしい。高瀬川でさえ、役所は手すりをもとめる、そのあからさまなあかしが、目に入る。

おわかりだろう。やはり、安藤は役所の要求をはねつけていたのである。訴訟をきらい、安全性をなにより重んじる。そんなお役所仕事には、ながされない。彼らをしりぞけ、都市と建築の美しさをおしとおす。その力強さを、TIME'Sビルでは見せつけたのである。

どんなもんや。すごいやろ。俺は役所とたたかいぬいて、勝ったんや。私はこの横をとおるたびに、そんな安藤の雄たけびを耳にする。だから、あそこのプラットフォームには、あまりたたずまない。安藤の声が、もちろん幻聴だが、うるさいからである。

京都の安藤作品では、京都府立陶板名画の庭（一九九四年竣工）［113頁］を、すすめよう。コンクリートの回遊式庭園で、陶板にえがかれたいわゆる泰西名画を、見せている。実物大のミケランジェロなどが、もちろん模造品だがあじわえる。と同時に、水と光が立体的にたわむれあう、安藤の空間演出もたのしめよう。

ミケランジェロの大壁画を、京都でも府民に見てもらえる。そんな社会教育上の名目もあって、この庭園＝建築はできたのだと思う。そして、私はここでも、安藤の声を聞いてしまう。まがいもんのミケランジェロなんかいらん。俺の空間だけでじゅうぶんや、という声を。

俄ビル　シンプルモダンな外観。1階には京都のデザインアイテムが集められたセレクトショップが入る。2009年築、安藤忠雄建築研究所設計。

京都府立陶板名画の庭

1994年　設計　安藤忠雄

京つけもの 西利 本店
1990年　設計 若林広幸

そんな安藤も、しかし最近は俄ビル（二〇〇九年竣工）［112頁］で、あゆみよりを見せた。深い庇をもつ、やや町家風の外観を、鉄筋コンクリートでつくりだしている。ふだんは、ミニマルな直方体や幾何図形で、全体をまとめきる。そんな安藤が、ここでは昔からの傾斜屋根をうけいれた。

条例の規制にしたがったのか、施主のもとめにおうじたのか。内実はわからぬが、昔の雄たけびを知る私には、ややさみしい。

◎若林広幸と幻の京都駅

東西の両本願寺があるあたりは、京都市が美

右頁上／ガラスの円筒は、瓦葺きの大屋根を広く見せるためであり、京都市条例の高さ制限いっぱいまで空間を使う工夫でもある。同下／曲線や円を巧みに取り入れた店内の販売スペース。

観地区にさだめている（一九七二年以後）。新しくできる建物には、色や形の指導がおこなわれる。高さも、制限されている。和風の、おちついた街並みにしたいというねがいが、こめられた地区である。

この行政指導が、建築家にはけっこううるさい。こんなところでの仕事はもうこりごりだという声も、しばしば耳にする。

とりわけ、他府県の、東京や大阪あたりの建築家は、音をあげやすい。いっぽう、京都の建築家は、行政とのやりとりになれている。てぎわよくおりあいをつける術も、おてのもの。そのため、美観地区の仕事は、京都の建築家にまかされやすくなる。行政指導は、おかげで地元の業者をまもる、暗々裡の非関税障壁になっている。そんな噂も、聞こえてくる。

しかし、この指導さえまもればいい建築ができるのかというと、そうでもない。これにとりあえずしたがっただけの、安直なビルにもよくでくわす。瓦をそえて和風の色さえだせば、それでいいんだろうというやっつけ仕事も、なくはない。

京都にも、そのことでおこっている建築家はいる。そのいかりを、建築作品にあふれさせた例も、まま見かける。ここでは、京つけもの西利（一九九〇年竣工）［114頁］を、その代表例にあげておく。西本願寺前の美観地区に、若林広幸の設計でできた店舗建築である。

建物は、グレーのダークな色合いになっている。和風の瓦屋根を、頂部にいただいたビルである。美観地区のしばりにしたがった建築だとみなしうる。

それでも、正面のなかほどにもうけられた円筒形のガラス部分は、視覚的にきわだつ。このガラス＝円筒は、屋根をつきやぶる形でくみあわされた。のみならず、そこへそえられた庇は、ギザギザになっている。ああ、おこっているんだなと、私はこれを見て思う。

ガラスの円筒は、ロシア革命期の前衛建築を、私に想いおこさせなくもない。イリア・ゴーロソフあたりの造形が、ほうふつとしてくる。和風のおとなしい意匠をおしつける行政に、ロシア革命期のそれでむかいあう。私はそんな絵をえがき、そのやんちゃなこころざしへ、かって

現在、演劇や音楽ライブ、ダンスパフォーマンスなどが行われる3階のホールは、新聞社時代から市民に開放されていた。正面舞台を囲むようなアーチや市松模様になった寄木の床に、モダンな趣を感じる。

1928ビル

1928年　設計　武田五一

武田五一のレトロ建築は、現代建築家若林広幸の手をへて、生きのこった！

左頁／1928ビル内の「カフェアンデパンダン」に通じる地下階段に立つ筆者。壁一面にライブなどのポスターが貼られ、種々のチラシが並ぶさまは時を超えた異次元空間。

にエールをおくっている。

まあ、施主のつけもの屋は、そういう暗闘のあることを知らないだろう。あるいは、確認申請の窓口で建築家と対応した役人も、気づかなかったかもしれない。

三条通には、界隈景観整備地区にくみこまれた一画がある。戦前期のレトロな洋館をたもってきた地区が、それにあたる。三条御幸町の1928ビル［25・108頁など］も、その東端あたりにたっている。

もともとは、大阪毎日新聞社京都支局のビルとして、たてられた。武田五一の設計で、一九二八年にできている。これをとりこわす話がでた時に、さきほどの若林が買いとりをもうしでた。今は若林がオーナーになった複合施設として、この建築は生きのこっている。

ビルの再利用にあたり、若林はそのあちこちに修繕の手をほどこした。外壁もぬりなおしている。それをとがめるむきが、建築界の一部になくはない。武田先生の作品を、若林はないがしろにした。そんな声が、とりわけ武田を師とあおぐ京大関係者から、ひびいてくる。

しかし、京大もその同窓会も、この武田作品を買いとることはできなかったのだ。レトロ建築の保存をもとめる建築学会も、彼らの要望をみのらせることは、あまりない。たいてい、腰巻保存やフンドシ保存におわっている。そのことを思うと、京大の関係者でもない若林の努力は、とうとばれるべきだろう。

新京都駅の計画が公になった時、若林は岡下にとおされた駅舎の試案を、発表した。大きなビルをたてれば、景観上のダメージが気になる。しかし、岡におおわれた駅舎なら、街から見えるのはこんもりとした樹々だけだ。双ヶ岡《ならびがおか》や大文字山が、新しくできるようなもので、景観はそこなわれないというのである。

こちらのほうが、今の駅舎よりよかったと言いきれる自信はない。だが、アイデアの妙には感心させられたことを、おぼえている。カップルのメッカとなるだろう駅舎丘陵を想いうかべ、にんまりさせられたものである。

私は、今でも京都駅のそばで、山並みを想いうかべ、その幻《まぼろし》にひたることがある。

METRO
WORLD
STORY

俄ビル《にわかびる》［112頁］

和を意識したモダン建築

ジュエリーブランド「俄」の本社ビルで、2階が京都本店。コンクリートの打ちっ放しをベースに、外観は各階に屋根と同勾配の軒庇をつけ、細い格子をデザインするなど景観条例に配慮している。

竣工■2009（平成21）年
設計■安藤忠雄建築研究所
住所■京都市中京区富小路通三条上ル福長町105
交通■地下鉄「京都市役所前」駅から徒歩5分
電話■075-213-6775（俄本社）
営業■京都本店11:00～20:00
休日■無休
http://www.niwaka.com/jp/storeinfo/kansai/01_01.html

TIME'S I&II《たいむず わん あんど つー》［110･111頁］

迷路のような複雑な造りが面白い

安藤忠雄設計の商業テナントビル。水辺を意識した設計で、高瀬川の水面から60cmの高さにテラスが設けられている。細い階段や通路が複雑に巡るコンクリートの建物は、まるで迷路のよう。

竣工■第1期1984（昭和59）年・第2期1991（平成3）年
設計■安藤忠雄
住所■京都市中京区三条通木屋町西入ル 中島町92
交通■京阪「三条」駅・地下鉄「三条京阪」駅から徒歩5分
電話■075-221-1248
見学■営業時間・休みは店舗により異なる

京都府立陶板名画の庭《きょうとふりつ とうばんめいがのにわ》［113頁］

自然光が差し込む野外ミュージアム

1990（平成2）年の「国際花と緑の博覧会」で安藤忠雄設計のパビリオンに飾られた4点の陶板画に、新たな作品を加え開設した屋外美術館。建物は移設ではなくあらためて設計された。コンクリートに囲まれた美術館の中を、地上から地下、地下から地上へと回遊しながら、モネの「睡蓮・朝」、ミケランジェロの「最後の審判」、レオナルド・ダ・ヴィンチの「最後の晩餐」など世界的な名画を写した陶板画が、ほぼ原寸大で鑑賞できる。

竣工■1994（平成6）年
設計■安藤忠雄
住所■京都市左京区下鴨半木町
交通■地下鉄「北山」駅すぐ
電話■075-724-2188
見学■9:00～17:00（入園は～16:30）
料金■大人100円・小中生50円
休日■無休
http://www.kyoto-toban-hp.or.jp/

京つけもの 西利 本店［114頁］

きょうつけもの にしり ほんてん

ガラスのシリンダーが印象的

京漬物老舗の本社兼店舗。建築規制のきびしい西本願寺の門前にあり、寺院の屋根と対になるような大屋根を用いた。円柱状のガラスを用いたデザインは、関空特急ラピートをはじめ近未来的な意匠を得意とする建築家・若林広幸らしいアイデア。

竣工■1990（平成2）年
設計■若林広幸建築研究所
住所■京都市下京区堀川通七条上ル 西本願寺前
交通■JR・地下鉄・近鉄「京都」駅から徒歩10分
電話■075-361-8181
営業■8:30～19:00
休日■無休
http://www.nishiri.co.jp/

1928ビル［25·108·116·119頁］

いちきゅうにーはちびる

アールデコ風デザインの新聞社ビル

武田五一の設計による、旧大阪毎日新聞社京都支局。社章の星のマークをデザインした窓やバルコニーが目を引く。3階のホールは、現在アートコンプレックス1928として、演劇公演やワークショップなど多彩なアートイベントに使われている。新聞社時代に食堂やシャワー室があったという地下では、キャッシュオンスタイルでカフェ アンデパンダンが営業中。ほかにもギャラリーやショップが入る複合施設として地元の若者にも人気のスポットだ。

竣工■1928（昭和3）年
設計■武田五一
住所■京都市中京区三条御幸町東南角 弁慶石町56
交通■地下鉄「京都市役所前」駅・京阪「三条」駅から徒歩5分
電話■075-254-6520（アートコンプレックス1928）
見学■営業時間・休みは店舗により異なる
http://www.artcomplex.net/ac1928/

〈CAFÉ INDÉPENDANTS〉
電話■075-255-4312
営業■11:30～24:00（フードLO20:30、ドリンクLO22:30）
休日■不定休
http://cafe-independants.com/

あとがき

建築の姿形《すがたかたち》が、意匠登録の書類にのせられることはない。この世界では、いわゆるパクリも、みとめられている。借用も盗用も、法をおかすふるまいにはならない。肖像権も、建築にはあたえられてこなかった。

テレビのニュース映像では、事件現場の建築が、しばしばしめされる。某役所で贈収賄などが見つかれば、その庁舎をながながとうつしだす。

建築が、その報道にふさわしい目印だと、とりあえずみなされているからではあろう。しかし、肖像権がないから勝手につかってもゆるされるという事情だって、見すごせない。画面を事件にかかわる建築でうめてしまえば、ニュース映像の絵はつくれる。しかも、肖像権がらみのいちゃもんは、どこからもこない。建築が重宝がられるゆえんである。

だが、建築に関する本をこしらえるような時は、そういうわけにもいきにくい。本のなかで大きくとりあげる場合は、建築の持ち主に挨拶をしておくほうがいいだろう。うちの本であつかわせて下さいと、ひとことことわっておくのが筋だと思う。法的な権利うんぬんの話ではない。それが、世間様とおつきあいをするさいの、礼儀ではなかろうか。

とはいえ、古寺巡礼などの本になると、この挨拶がけっこうわずらわしい。京都の名刹を相手にする場合は、たいへん手間がかかる。有名どころだと、菓子折りぐらいではかたづかない。いくらかはつつんでおわたししなければということに、なってくる。それも、税務署にはないしょのお布施として。

そのリアルな下交渉については、書くのをひかえよう。私もほんとうの内幕は知らない。また、たとえ知っていても、書けば名刹の方々を敵にまわすことになる。

私は、それで寺からきらわれてもかまわない。しかし、版元の新潮社へ迷惑のおよぶことは、さけたいところである。あそこの出版社とはもうつきあわないと、寺側がヘソをまげればたいへんだ。『芸術新潮』の人たちが、京都の寺へはいれなくなってしまう。それでは、同誌がなりたたない。

井上には、こまったことをされた。新潮社には、そう思われたくない。これからも、この会社とは仲良くしておきたいという下心を、私はもっている。言論は自由だと言うが、なかなか好き勝手には書けないものである。

さいわい、明治以後の近代建築あたりになると、それほど敷居も高くない。挨拶もいたって楽である。いくらかつつむなどというケースも、ないだろう。ただ、まだ生きている建築家に、私の皮肉が見とがめられる可能性は、なくもない。肖像権はだいじょうぶだが、営業妨害でのうったえはおこりうる。あるいは、名誉毀損だって、ありえない話ではない。

まあ、ここでとりあげた現役の建築家は、安藤忠雄をはじめみな功なり名とげている。私ごときの軽口に、こぶしをふりあげることはないだろう。にが笑いで、読みすごしてくれると、信じている。

今、近代建築はあつかいが楽だと、そう書いた。これは、古寺めぐりの対象になるだろう寺々とくらべての、感想である。拝観料でうるおっているような寺とはちがい、写真の掲載もみとめてもらいやすい。建築史研究の末席をけがす者として、そう実感する。

しかし、それは逆に、近代建築のねうちがまだそれほど高くないことを、物語る。観光客がむらがっておしよせることは、あまりない。新聞や雑誌、そしてテレビからもとめられる機会も、かぎられる。そんな状態にとどまっているから、取材もしやすいのだ。

じっさい、京都観光の本で近代建築めぐりのコースが紹介されることは、あまりない。千年の都へきたのに、武田五一や松室重光の作品を見てあるく。古寺巡礼や名苑鑑賞ではなく、石やレンガの建物をおいかける。「そうだ、京都、行こう」でやってくる入洛客に、そういう人はほとんどいない。

この街へきて、アールデコやライト式をさぐっていく。小樽や神戸ならともかく、あえてこの古い都市に、近代の跡を見つけようとする。それは、やや とんがった旅心《たびごころ》でいどむ街歩きのありようではなかろうか。

ここで紹介した近代建築には、現役でつかわれているものも、すくなくない。レストランや美術館などに活《い》かされている施設が、けっこうある。

そういうところで、メニューや絵画などは気にとめず、建築をながめたおす。ひたすら、床や天井、壁や窓に目をむけ、レストランの従業員らからいぶかしがられる。そういう目にあって、自分のこだわりをたしかめるのも、旅の一興であろう。

京都は、明治維新で都《みやこ》の地位を東京にうばわれた。このままでは、近代化のあゆみからおいてきぼりにされてしまう。そんなあせりもあって、この街には多くの近代建築がたてられた。新しい京都駅舎などは、まだそういう背のびがつづいていることを、しめしている。

近代化へとむかう京都のあせりを、ゆとりをもってふりかえる。それが、京都の人々には、まだできかねているような気もする。

京都の近現代がこしらえた建物を、すこしつきはなして、遺跡のようにながめる。そんな入洛者たちが、地元の人々にどんな感化をおよぼすか。ちょっとたのしみでなくもない。

京都建築マップ

京都駅からの主なアクセス

■**京都府立陶板名画の庭**方面 へは、
地下鉄烏丸線で「北山」駅へ（所要時間14分）
■**船岡温泉**方面 へは、
市バスで「千本鞍馬口」停へ（33分）
■**同志社大学 今出川キャンパス**方面 へは、
地下鉄烏丸線で「今出川」駅へ（9分）
■**日本聖公会 聖アグネス教会**方面 へは、
地下鉄烏丸線で「丸太町」駅へ（7分）
■**京都大学 百周年時計台記念館**方面 へは、
市バスで「京大正門前」停へ（31分）

■**平安神宮**方面 へは、市バスで「京都会館美術館前」停へ（23分）
■**水路閣**方面 へは、地下鉄烏丸線で「烏丸御池」駅へ、
地下鉄東西線にのりかえて「蹴上」駅へ（17分）
■**南座**方面 へは、市バスで「四条河原町」停へ（14分）
■**京都文化博物館 別館**方面 へは、地下鉄烏丸線で「烏丸御池」駅へ（5分）
■**梅小路蒸気機関車館**方面 へは、市バスで「梅小路公園前」停へ（8分）
■**京都国立博物館 特別展示館**方面 へは、
市バスで「博物館三十三間堂前」停へ（8分）
■**聖母女学院 本館**方面 へは、JR奈良線で「東福寺」駅へ、
京阪電車にのりかえて「藤森」駅へ（13分）

※所要時間は乗車・のりかえにかかる時間の目安です

◇主要参考文献
京都市編『京都の歴史』(全10巻) 学芸書林　1968年～1976年
梅棹忠夫・森谷尅久編『明治大正図誌　第10巻　京都』筑摩書房　1978年
村松貞次郎編『日本の建築［明治大正昭和］』(全10巻) 三省堂　1979年～1982年
白幡洋三郎ほか編・吉田光邦監修『京都百年パノラマ館』淡交社　1992年
ギャラリー・間編『建築MAP京都』TOTO出版　1998年
中川理著　三田村勝利撮影『京都モダン建築の発見』淡交社　2002年
苅谷勇雅著編『京都――古都の近代と景観保存』(『日本の美術　第474号』) 至文堂　2005年
京都市文化市民局文化財保護課編『京都市の近代化遺産 近代建築編』
京都市文化市民局　2006年
川上貢監修『京都の近代化遺産』淡交社　2007年
京都新聞出版センター編『京のおもしろウオッチング』京都新聞出版センター　2008年
米山勇監修　伊藤隆之撮影『日本近代建築大全 西日本篇』講談社　2010年

◇写真
橋本正樹

◇編集協力
永野香+藤本りお+花坂民男(有限会社アリカ)

◇地図
川島弘世　p24
弓岡久美子(あとりえミニ)　p124-125

◇ブックデザイン
大野リサ+川島弘世

◇シンボルマーク
久里洋二

※本書の情報は2011年9月現在のものです。
休日は年末年始やお盆、臨時休を除いた基本休日のみを掲載しています。
内容は変更される場合があります。

「とんぼの本」は、美術、歴史、文学、旅をテーマとするヴィジュアルの入門書・案内書のシリーズです。創刊は1983年。シリーズ名は「視野を広く持ちたい」という思いから名づけたものです。

とんぼの本

京都《きょうと》洋館《ようかん》ウォッチング

発行　2011年11月25日

著者　井上章一《いのうえしょういち》
発行者　佐藤隆信
発行所　株式会社新潮社
住所　〒162-8711 東京都新宿区矢来町71
電話　編集部 03-3266-5611
　　　読者係 03-3266-5111
ホームページ　http://www.shinchosha.co.jp/tonbo/
印刷所　半七写真印刷工業株式会社
製本所　加藤製本株式会社
カバー印刷所　錦明印刷株式会社

ISBN978-4-10-602226-5　C0352